3ª edição - Outubro de 2023

Coordenação editorial
Ronaldo A. Sperdutti

Projeto gráfico e editoração
Juliana Mollinari

Capa
Juliana Mollinari

Imagens da capa
Shutterstock | marukopum

Assistente editorial
Ana Maria Rael Gambarini

Revisão
Alessandra Miranda de Sá

Impressão
Lis Gráfica

Direitos autorais reservados. É proibida a reprodução total ou parcial, de qualquer forma ou por qualquer meio, salvo com autorização da Editora. (Lei nº 9.610, de 19 de fevereiro de 1998)

Traduções somente com autorização por escrito da Editora.

© 2021-2023 by Boa Nova Editora.

Av. Porto Ferreira, 1031 | Parque Iracema
CEP 15809-020 | Catanduva-SP
17 3531.4444

www.**petit**.com.br | petit@petit.com.br
www.**boanova**.net | boanova@boanova.net

Dados Internacionais de Catalogação na Publicação (CIP)
(Câmara Brasileira do Livro, SP, Brasil)

Carlos, Antônio (Espírito)
  Se não fosse assim-- como seria? / ditado pelo espírito Antônio Carlos ; [psicografia de] Vera Lucia Marinzeck de Carvalho. -- 1. ed. -- Catanduva, SP : Petit Editora, 2021.

  ISBN 978-65-5806-015-4

  1. Espiritismo 2. Psicografia 3. Romance espírita I. Carvalho, Vera Lucia Marinzeck de. II. Título.

21-85059   CDD-133.93

Índices para catálogo sistemático:

1. Romance espírita psicografado   133.93

Eliete Marques da Silva - Bibliotecária - CRB-8/9380

Impresso no Brasil – Printed in Brazil
3-10-23-1.000-9.300

Prezado(a) leitor(a),

Caso encontre neste livro alguma parte que acredita que vai interessar ou mesmo ajudar outras pessoas e decida distribuí-la por meio da internet ou outro meio, nunca deixe de mencionar a fonte, pois assim estará preservando os direitos do autor e, consequentemente, contribuindo para uma ótima divulgação do livro.

VERA LÚCIA MARINZECK DE CARVALHO

Ditado pelo Espírito
ANTÔNIO CARLOS

SE NÃO FOSSE ASSIM... COMO SERIA?

*Se não for hoje, será amanhã;
se não for nesta vida, será na outra.*

Item 12, "Motivos de resignação",
capítulo 5, "Bem-aventurados os aflitos",
em *O Evangelho segundo o espiritismo*,
de Allan Kardec.

A REUNIÃO

Como tenho escutado, nestes anos em que estou no Plano Espiritual como aprendiz do trabalho no bem, a conjunção "se"! Alguns "ses" são comuns, de coisas que não deixam marcas em nós. Como: "E 'se' tivesse ficado solteiro?"; "E 'se' tivesse casado com aquela outra pessoa?"; "E 'se' tivesse ido morar em tal lugar?"; "E 'se' tivesse estudado?"; "E 'se' fosse diferente?". Não temos como saber a resposta. Infelizmente, muitos "ses" são de remorso, a maioria que exclama o "se" tem o que lamentar.

Anunciei que faria uma reunião, convidei os moradores de duas colônias e três postos de socorro, que sentissem o "se" de terem feito atos equivocados ou deixado de fazer algo que deveriam ter feito, para uma conversa edificante.

No dia e hora marcados, à reunião, que seria numa sala para mim reservada na Colônia Casa do Escritor, vieram muitos desencarnados.

Começamos com uma oração, rogando a Deus, nosso Criador, e a Jesus, para ser proveitoso nosso encontro.

Após, expliquei:

— Em muitas situações, o "se" nos incomoda ou já nos fez sofrer. Acreditando que, por exemplos de vida, podemos servir de lições, principalmente a encarnados, para que evitem certas situações, ações equivocadas que os levarão a lamentar o "se", pensei então em escrever um livro. Sei que aqui presentes estão espíritos com histórias que querem relatar, outros vieram por curiosidade, querendo aprender com experiências alheias, embora também tenham relatos de vida. Sabendo então do porquê da reunião, os convido a falarem de si. Estamos nesta sala cento e vinte e oito convidados; não poderei, numa obra, colocar todos os relatos. Com certeza, nos reuniremos mais vezes. Pensem, por favor, "se" querem somente escutar, desabafar ou, vejam o "se", participar deste trabalho. "Se" quiserem, poderão escrever e me dar seus relatos ou ir ditar à médium.

Escutaram atentos. Observei-os: uns ficaram calados, outros trocaram ideias.

Com uma palma minha, fizeram silêncio. Dez levantaram a mão para opinar. A primeira que deu seu parecer foi Maria da Penha.

— Penso que, de fato, todos nós aqui temos uma história que envolve o "se". Eu tenho! Irei escrevê-la e dar a você, Antônio Carlos, a quem caberá a decisão de colocá-la ou não no seu livro. Ainda temos outros "ses" na nossa história de vida: "se" for interessante, "se" servir de exemplo ou "se" é somente uma dissertação.

— Eu quero falar! Sou Luís! Posso resumir o meu "se", e "se" você, autor, julgar que vale a pena, poderei fazê-lo com mais detalhes.

As opiniões foram parecidas: ficou decidido que teríamos dez encontros, e todos foram deveras interessantes. Houve desabafos, conselhos que fizeram todos se sentirem acolhidos e orientados.

Embora o convite tenha sido feito num pequeno espaço do Plano Espiritual, concluí, e realmente não me enganei, que havia muitas histórias nos relatos de vida em que o "se" se fazia presente.

SUMÁRIO

Capítulo 1
O "se" de Jonas.. 13

Capítulo 2
O "se" de Genésio 25

Capítulo 3
O "se" de Joana 51

Capítulo 4
O "se" de Paulo 73

Capítulo 5
O "se" de Neusely.. 87

Capítulo 6
O "se" de Maria da Penha 105

Capítulo 7
O "se" de Luís 117

Capítulo 8
O "se" de Magali.. 135

Capítulo 9
O "se" de Iraci 153

Capítulo 10
O "se" de Maximiliano 163

Capítulo 11
O "se" de Eliete 181

Capítulo 12
O "se" de Charles 193

Capítulo 13
O "se" de Benedito 209

Capítulo 14
O "se" de Ivonete 223

Conclusão 237

CAPÍTULO 1

O "SE" DE JONAS

Jonas foi discreto nos vários encontros que tivemos. Não o vi dar palpites, às vezes sorria, outras se emocionava com os relatos. Era muito educado, cumprimentava e se despedia. Depois de um encontro, ele pediu para conversar comigo em particular.

— Antônio Carlos, tenho aqui minha dissertação. É minha história de vida; se quiser ler e achar interessante, escreva-a.

Sentamo-nos num banco do jardim e li o que ele escrevera.

— Interessante — comentei. — Você não quer ditar à médium?

— Preferiria que você o fizesse.

— Irei fazê-lo com certeza. Posso pedir para acrescentar mais fatos?

— Sim. Faça como achar melhor — Jonas concordou.

Conversamos, acertei o que achei que deveria. Fiz as perguntas que costumo fazer no final. Agradeci.

Aqui estou com seus escritos e fui eu quem ditou à médium.

Chamei-me, nesta última encarnação, Jonas. Filho e neto de pastores, fui criado para ser também um líder religioso, pastor que arrebanha as ovelhas do Senhor. Estudei, desde pequeno, a Bíblia. Foi uma alegria familiar e minha quando me tornei pastor. Casei com minha namorada de adolescência, fomos para uma cidade de porte médio, talvez pequena. Cuidava do templo com muito amor. A religião nos dava casa mobiliada para morar, casa simples, mas boa, e recebia um ordenado, salário.

Estava sempre consertando, fazendo melhorias no templo e na casa. Sentia-me feliz, às vezes minha esposa e eu sentíamos falta da família, tanto da minha como da dela, moravam longe. Passamos a fazer parte das famílias que frequentavam o templo.

Tivemos filhos, o mais velho, um menino, o Davi, depois mais três meninas. A segunda filha era nenê quando começou a ocorrer o que irei narrar. O problema foi mais meu, porque minha esposa estava muito envolvida com a pequenina.

Começou com Davi com quase quatro anos. Primeiro, ele queria ter de brinquedo caminhões. Compramos dois para ele, e ganhou mais dois de presente dos avós.

Quando prestei atenção no que ele falava enquanto brincava, foi que me preocupei. Ele dizia:

— Que sono! Não posso dormir! Tenho de ficar atento! O carro! Bateu!

Batia o caminhão e o fazia trombar.

"Será", pensei, "que Davi viu algum acidente em revistas? Alguém falou isso para ele? Algum amiguinho?".

Observando mais, escutei:

— Que acidente! Sobrevivi! Ainda bem que não morreram os que estavam no carro.

Entrei na conversa dele e me surpreendi mais.

— Quando eu era grande, morri no caminhão.

— Como? — indaguei.

— Ora, papai, quando eu era grande. Mais alto do que o senhor, um pouco gordo, barrigudo, tinha os olhos verdes. O senhor não se lembra?

Não sabia o que falar; resolvi que, para entendê-lo, teria de escutá-lo.

— Fale mais sobre isto — pedi.

— Meu nome era Joaquim, o Quinzinho, como me chamavam. Meu nome era Joaquim... — citou dois sobrenomes.

Fomos jantar. Preocupei-me, mas não comentei nada com minha esposa.

"Ele é criança para inventar coisas assim. O que está acontecendo? É melhor saber quem está falando isso para ele. Mas Davi não fica sozinho, estamos sempre com ele, não vai ainda à escola. Não irei comentar isso com ninguém. O filho do pastor não pode ter problemas."

Davi não dava problemas, era obediente, tranquilo e estava sempre ajudando a irmã. Resolvi conversar mais com ele, brincar, mas sem os caminhões. Pensei que ele esqueceria e que, três dias depois, ele não lembraria o nome que me falara. Mas se lembrou, repetiu e falou mais detalhes.

— Quando era grande e chamava Joaquim... tinha esposa, como o senhor tem agora, que chamava Tereza, e duas filhas, como o senhor tem eu e Sara. Elas se chamavam Maria Júlia e Ana Laura. Eram bonitas. Morava... — falou cidade, bairro, rua e número. Falou também que estava cansado, dirigia o caminhão, e um carro passou para sua pista; para não bater no veículo, foi para o acostamento, então tombou o caminhão.

— E aí — dizia ele triste — não vi mais minha mulher e filhas.

A tristeza não durava; ele, alegre, falava de outra coisa.

Não sabia o que fazer. Não tinha como Davi saber o que ele falava: pistas, acostamento, acidente, casamento, nomes e endereços.

Resolvi dar outros brinquedos para ele, chamar amiguinhos para brincar em casa para distraí-lo e ficava presente. Dei uma bicicleta, jogos para montar, tudo diferente de caminhões, dei os dele para outras crianças. Minha esposa comentou que escutara Davi falar do acidente e de quando ele era grande. Para não preocupá-la, afirmei que Davi devia ter visto ou alguém devia ter dito para ele de algum acidente de caminhão. E que não era quando ele "fora" grande, era quando "fosse" grande. Fui à biblioteca municipal atrás de livros, peguei alguns de psicologia, procurei e nada encontrei que me fizesse entender. Pedi para Davi falar somente comigo de quando ele fora grande, ele obedeceu. E, se falava, não mudava os nomes, endereço, nada. Pedia para esquecer aquela história que ele escutara e para não repeti-la. Passei a mudar de assunto, distraí-lo todas as vezes que repetia.

Fui chamado pelo bispo para um planejamento, e o evento seria na cidade que Davi afirmava que morara. Ficaria quatro dias. Fui sozinho, teria reuniões somente três horas por dia e à tarde.

Ficamos, muitos pastores, hospedados num hotel. No segundo dia, saí bem cedo, perguntei e, na cidade, havia o bairro que meu filho citava. Peguei um táxi, dei o nome da rua, estava cada vez mais aflito, o taxista conhecia a rua.

— O número que o senhor procura é no quarteirão da frente — informou o taxista.

— Pare aqui na esquina, por favor — pedi.

Olhei: na esquina, havia uma padaria, Davi falava que era um bar. Estava tremendo. Entrei, pedi um café e comentei com a moça que me atendeu:

— Aqui era um bar?

— Era, sim — explicou a moça gentilmente. — Havia um bar aqui anteriormente, mas faz quatro anos que meu patrão comprou e fez a padaria.

Tomei o café e, andando devagar, parei em frente ao número e vi a casa, que era como Davi falava. Bati palmas no portão e veio atender uma mulher e duas meninas: uma mais clarinha, e a outra com os cabelos castanhos, como Davi as descrevera.

— Aqui mora Joaquim...?

— Era meu marido — informou a mulher.

As três, ela e as meninas, me olharam curiosas.

— O que o senhor quer com ele? — perguntou a mulher.

Inventei. Não poderia contar a verdade. Mentira era algo que abominava.

— Joaquim era chofer de caminhão?

— Sim — a senhora foi lacônica.

— Posso conversar com ele?

— Ele faleceu há seis anos — a mulher sussurrou.

— É... — foi o que consegui falar.

— Quem é o senhor?

— Também dirigia caminhão — falei. — Encontrávamo-nos em postos de parada, conversávamos. Eu vendi meu caminhão, fui trabalhar em outra coisa. Quinzinho me contou que morava aqui; como vim a trabalho a esta cidade, pensei em revê-lo. Como ele morreu?

— Num acidente terrível — contou a mulher. — Era noite, ele estava certo, penso que cansado, Quinzinho estava sempre querendo retornar para casa. Um carro com uma família, pai, mãe e quatro filhos, passou para a pista dele e, para não bater no carro, Quinzinho jogou o caminhão para o acostamento, que virou, e ele faleceu na hora. Foi muito triste!

— A senhora é a Tereza? — perguntei, querendo que ela negasse. — E você, mais clarinha, é a Maria Júlia, e você, Ana Laura?

— Somos, sim, senhor. Nossa! Papai conversava mesmo com o senhor! — admirou-se Maria Júlia.

— Sinto muito a morte de Quinzinho — consegui dizer. — Como estão fazendo sem ele? Como estão vivendo?

— A casa é nossa, costuro para fora, recebo a pensão. O senhor não quer entrar? Tomar um café? Será que Quinzinho falou do senhor para nós? Como se chama?

Preferi não dizer meu nome e me despedi.

— Tenho que ir. Foi um prazer conhecê-las. Até logo!

Andei rápido por uns três quarteirões, estava atordoado. Como era possível? Vi um ponto de táxi, entrei num carro e voltei ao hotel. Esforcei-me para não pensar e prestar atenção à reunião. À noite, pensei muito. Estudara diversos conceitos de muitas religiões, tanto as antigas como as atuais, e algumas acreditavam em reencarnações. E me foi ensinado que isso era um absurdo, tínhamos uma vida apenas, nascíamos e morríamos uma vez somente. Senti vontade, naquele momento, de saber mais, entender.

No outro dia cedo fui à biblioteca municipal, tive de esperar para abrir. Perguntei para a bibliotecária onde poderia encontrar livros sobre reencarnação. Ela, atenciosa, me deu uma enciclopédia. Esta já tinha lido; ela viu pela minha expressão que não era o que procurava, então me deu um livro do escritor Allan Kardec. Ela procurou pelo índice e abriu para mim o capítulo quarto do livro *O Evangelho segundo o espiritismo*, item quatro: "Ressurreição e reencarnação". Li todo o capítulo, depois reli devagar o item quatro. Entreguei o livro para ela e perguntei:

— Onde posso encontrar este livro para comprar?

Ela me explicou e me deu o endereço de uma praça, onde havia uma banca. Agradeci, fui para lá e comprei quatro livros deste autor: *O Evangelho segundo o espiritismo*, *O livro dos espíritos*, *O livro dos médiuns* e *A gênese*.

Levei-os bem embrulhados para o quarto.

"Ainda bem", pensei, "que estou num quarto sozinho".

Abri novamente o livro *O Evangelho segundo o espiritismo* na parte que a moça mostrara para mim. Peguei minha Bíblia e reli, de Mateus, capítulo dezessete, versículos de dez a treze; e

Marcos, capítulo dezoito, versículos de dez a doze. Meditei sobre o que lera e voltei ao livro de Kardec: João Batista era Elias, o corpo de João Batista não podia ser de Elias, pois João tinha sido visto criança, e seus pais eram conhecidos. João podia ser, pois, Elias reencarnado, mas não ressuscitado.

Procurei também João, capítulo terceiro, versículos de um a doze. Sobre a explicação de Jesus a Nicodemos e as explicações de Allan Kardec. Entendi que tinha muita coerência. Também procurei em Jó capítulo quatorze, versículos de dez a quatorze.

"Quando o homem está morto, vive sempre; findando-se os dias da minha existência terrestre, esperarei, porque a ela voltarei novamente."

Não conseguia explicar o que estava sentindo. Parecia que tudo o que lia não me era totalmente desconhecido. Sentia que tinha conhecimento sobre aquele assunto, não do que estudara para ser pastor, mas da coerência do que vinha a ser a reencarnação. Escondi os livros na mala, almocei, fui à reunião e me esforcei para agir normalmente.

Voltei para casa. Li escondido da esposa os livros que comprara, e houve partes que não entendi, mas foquei na reencarnação. Algo que sempre, desde a minha adolescência, me incomodava, mas não entendia e evitava pensar, era as diferenças existentes entre as pessoas. Concluí que Deus era mais justo do que até então pensava. Tive a certeza de que a reencarnação era algo real. Aí o meu dilema: se falasse isto aos meus superiores, eles tentariam me fazer mudar de ideia; se pensassem que conseguiram, então eu passaria a ser um pastor vigiado e, se insistisse no meu conceito, seria convidado a sair, expulso. Surgiriam os problemas: daria um grande desgosto à família, aos meus pais e, principalmente, ao meu genitor, que se orgulhava de ser eu pastor. A esposa talvez se aborrecesse, ela me amava, iria com certeza sofrer, era muito religiosa.

Com sinceridade, o que mais pensava era: estudara, mas não tinha diploma, a não ser do segundo grau. Não tinha profissão, apenas entendia, e pouco, de consertos de casa. Tinha instrução, mas não diploma, não poderia nem lecionar. Como sustentar a família? Teria de pagar aluguel e morar na periferia, numa casa pequena. Com certeza, as famílias, da esposa e minha, não nos ajudariam. Não tive coragem. Queimei, depois de ler, os livros de Allan Kardec e continuei pastor, não comentei com ninguém. Evitava de Davi falar de suas lembranças, prestava muita atenção nele, brincava de jogos com ele, brinquedos totalmente diferentes. Se ele contasse algo sobre suas lembranças, eu, carinhosamente, repetia de duas a três vezes:

— Filhote, você ouviu isso de Mariazinha — uma senhora que fizera faxinas em casa e que depois fora embora da cidade —, é uma história que deve esquecer. Nada disto é verdade.

Deu certo, Davi não falou mais, eu pensei que ele esquecera. Mas eu não esqueci. Nunca fiz sermão das passagens que li no capítulo sobre reencarnação do livro de Kardec, em que citava que Jesus explicara, e bem, que havia reencarnação. Penso que, sincero, por não bajular superiores, não fui promovido e continuei pastor. Mudei numa coisa depois que li aqueles livros: passei a fazer o bem, fui caridoso. Passei a ajudar todos, primeiro os frequentadores do meu templo, vizinhos, a família. Atencioso, escutava os problemas e tentava ajudar. Tivemos, depois, mais uma filha, a quarta. Eles cresceram. Davi foi estudar, cursar uma universidade em outra cidade, não quis ser pastor. As filhas também estudaram. Davi formou-se e arrumou emprego, continuou morando na cidade em que estudou. Uma vez em que veio nos visitar, ele fez de tudo para ficar comigo sozinho, percebi que ele queria me contar algo. Olhei-o com carinho, e ele, sem rodeios, desabafou:

— Papai, me perdoe, eu vou lhe dar um grande desgosto. Perdoe-me!

Assustei-me, Davi continuou:

— Tornei-me espírita! Papai, lembro que, quando criança, eu falava de minha outra vida, reencarnação. Recordo-me que o senhor fez de tudo para eu não falar e para que esquecesse. Porém, não esqueci, todas aquelas lembranças ficaram como que dormindo na minha mente. Quando fui estudar fora, as lembranças vieram nítidas. Fui à cidade que recordava e lá vi o túmulo em que fui enterrado, conversei com Tereza, a mulher que foi esposa de Joaquim, vi as duas filhas. Disse que estava fazendo um trabalho de pesquisa, da universidade, com as famílias em que o chefe falecera em acidente e como estavam depois de anos. Recordei-me de tudo. Restou entender. Uma colega me levou a um centro espírita, me emprestou livros para ler. Encontrei-me na Doutrina Espírita.

— Papai — continuou Davi após uma pausa —, eu não somente me recordei dessa minha reencarnação, em que fui caminhoneiro, como de outra, em que fui condenado pela Inquisição. Fui um padre que, juntamente com outro, foi condenado, e desencarnamos depois de termos sofrido tortura e de ficarmos presos. Recebemos comidas envenenadas. Papai, o outro companheiro meu, com quem vi barbaridades e fomos contra, era o senhor.

Davi chorou; ele, de fato, pensava que estava me dando um grande desgosto. Eu o abracei.

— Filho, tenho pensado e concluí que Deus nos quer unidos, pois todos somos seus filhos. Que escolher a religião que nos faz melhor é amá-Lo mais.

Ficamos abraçados em silêncio. Depois pedi:

— Não comente isto com mais ninguém. Sua mãe não compreenderia, suas irmãs espalhariam, e não é bom fofocar que o filho do pastor é espírita.

— Pode confiar, papai, não falarei a mais ninguém. Aqui irei aos cultos e, para todos, continuo seguindo a religião da família.

Os filhos se casaram. Desencarnei cuidando da horta. Senti uma dor no peito, e, por enfarto, meu coração parou. Fui socorrido e fiquei numa parte de um posto de socorro onde se agrupam os que seguiram a minha religião. Com carinho e cuidado, foi me explicado que a morte era um pouco diferente do que pensávamos. Fui socorrido porque fiz por merecer. Depois que li os livros de Kardec, me tornei caridoso. Logo quis participar do convívio de outros, saí do núcleo para aprender e trabalhar.

Minha esposa teve de desocupar a casa que morávamos para outro pastor morar. Senti, pois nada deixei para ela, nenhuma casa. Ela passou a ficar três meses na casa de cada filha.

Meu filho Davi, de fato, é espírita, dá palestras, e seu tema preferido é a reencarnação. Orienta pessoas, trabalha na assistência social, ele não é médium, mas costuma ir a trabalhos de orientação a desencarnados, e a família, mãe e irmãs, não sabe.

Arrependo-me muito e penso: se assim não fosse, como teria sido? "Se" eu não fosse covarde, teria, depois que entendi e acreditei na reencarnação, deixado de ser pastor, enfrentado, arrumado um emprego, teria talvez comprado uma casa, e agora minha esposa, companheira de anos, que eu amava, amo, teria um lugar para morar. Não teria, por anos, guardado isto somente para mim. Ensinei algo que não tinha certeza ser certo, e por covardia. Não sei como teria sido minha vida "se" tivesse tido coragem. Uma coisa tenho certeza, teria sido verdadeiro. Meu "se" é por não ter tido coragem...

Jonas

— Jonas — perguntei —, quais são seus planos para o futuro?

— Continuar a fazer o que estou fazendo: trabalho seis horas por dia na biblioteca, onde tenho oportunidade de ler muito, e outras seis horas nas enfermarias. Tenho assistido palestras, feito cursos... isto até minha esposa desencarnar, porque tive permissão para ajudá-la nesta mudança, e ela tem merecimento; quando ela estiver adaptada, irei estudar numa colônia de estudo.

— A reencarnação está em seus planos? — quis saber.

— Por enquanto, não.

— Você sabe o porquê de Davi ter se recordado com facilidade e com detalhes de sua encarnação anterior? Até a outra?

— Joaquim — respondeu Jonas — deixou uma carta para mim aqui no Plano Espiritual, que escreveu antes de reencarnar e receber o nome de Davi. Penso que ele confiou que eu seria corajoso, mas, se não fosse, ao ler, entenderia. Deixou o escrito num departamento que tem em muitas colônias e que, quando chega o tempo certo, ele é entregue. Joaquim escreveu que, quando nós dois desencarnamos pelo envenenamento, viemos para este país, trabalhamos por muito tempo no Plano Espiritual e reencarnamos, eu como Jonas e ele como Joaquim. Como caminhoneiro, não se recordou do passado, tinha somente cisma de ser envenenado, mas isto não foi um problema para ele. Quando desencarnou pelo acidente, foi socorrido porque mereceu e se recordou fácil de sua encarnação em que foi sacerdote e de que, infelizmente, naquela época, costumavam punir religiosos que julgavam hereges, por pensarem diferente. Quis saber de mim, me encontrou, viu que era um pastor e foi ser meu filho. Concluiu que, se nós dois desencarnamos anteriormente por este motivo, deveríamos ter outra oportunidade de provar para pessoas, ou pelo menos tentar, que a reencarnação é um fato. Obteve permissão e reencarnou. Chorei muito quando li a carta. Entendi que Davi, por ter voltado a reencarnar logo, a recordação foi mais fácil, e ele o fez também porque se preparou para isto com permissão e ajuda de espíritos orientadores. Eu me acovardei, ele não.

— Sente que o "se" o poderá incomodar ainda? — fiz a última pergunta.

— Ter vindo nestes encontros me fez muito bem — Jonas suspirou. — Percebi que os "ses" de remorso por terem feito atos errados é bem pior. Mas o "se" irá me incomodar, sim. "Se" tivesse tido coragem... Não teria sido assim. Mas como teria sido? Não tem como saber. Uma coisa é certa: não teria o "se" para me incomodar e talvez estivesse na turma do "ainda bem".

Explicação do Antônio Carlos:

Jonas deu uma explicação do porquê de Davi ter recordado de sua encarnação anterior com detalhes. O esquecimento é uma graça, para que realmente tenhamos um novo recomeço. Muitas pessoas se recordam espontaneamente, normalmente têm motivos para isso, e, quase sempre, quando isto ocorre, orientadores as ajudam. Lembranças com tantos detalhes são mais raras. Estes que se recordam espontaneamente quase sempre estiveram pouco tempo no Plano Espiritual. Desencarnaram e reencarnaram em seguida.

Sei de muitas pessoas que realmente não tiveram coragem para tomar certas atitudes durante sua existência encarnada. Numa das reuniões, uma moça afirmou que não teve coragem para se afastar de amigos que agiam errado e que, num assalto que fizeram, foi baleada e desencarnou. Outra senhora disse que não teve coragem de se separar do marido e viveu oprimida, revoltada e, consequentemente, infeliz; não se separou porque ele era rico e, apesar das traições e maus-tratos, vivia bem financeiramente.

Também sei de religiosos que, por não acreditarem em dogmas que não entendiam, por irem contra seus raciocínios, tornaram-se ateus e não tiveram coragem para se desligar, causando muito mal para os seguidores da religião na qual eles deveriam ser líderes espirituais. Ah, como estes "ses" são doloridos! O erro é grande, e a reação também. Outros religiosos procuraram respostas, encontraram, afastaram-se para seguir o que passaram a entender. Outros, embora fossem bons, fizeram o bem, mas, como Jonas, não tiveram coragem para assumir o que descobriram. Religiosos que foram, são, médiuns e veem, ouvem desencarnados, entendem que não são demônios, mas espíritos de pessoas. Só que não tiveram coragem e lamentam: "se"...

CAPÍTULO 2

O "SE" DE GENÉSIO

Genésio contou sua história de vida na segunda reunião. Foi um relato emocionante. Quando o encontro terminou, conversamos em particular. Embora ele tivesse estudado e ainda estudava, afirmou que tinha dificuldades para escrever, então, como todos acharam sua vida interessante, eu a escrevi. Tivemos outros encontros em que pedi para ele explicar algumas lacunas. Costumo fazer isto: ao escutar uma dissertação, tento saber o ponto de vista dos outros envolvidos, ir ao local em que ocorreu a história e normalmente a escrevo por umas três vezes para depois ditar à médium por mais umas cinco vezes.

Genésio, na narrativa que fez ao grupo, a resumiu. Ele fala devagar, aparenta ser tranquilo. Porém o "se" o faz sofrer. O problema mesmo não é o "se", são os fatos, as atitudes, mas nessas reuniões focamos em "se" poderia ter sido diferente. Ele iniciou:

Chamo-me Genésio. Agora, aqui no Plano Espiritual, em que tenho a bênção do aprendizado, sou chamado assim; também o fui quando criança e adolescente, mas por muito tempo fui chamado de Genocídio, que, para o lugar que vivi encarnado, era sinônimo de "assassino", "aquele que mata". Aqui vim a saber que "genocídio" é o extermínio sistemático de um grupo humano nacional, étnico ou religioso.

Nasci e cresci num lugar muito pobre, de miséria mesmo. Meus pais eram donos de um pedaço pequeno de terra. Moravam conosco uma tia de minha mãe, que era solteira, os pais de minha genitora e meu avô paterno, numa casinha de pau, pedras e barro, de cinco cômodos, três quartos, sala e cozinha; o banheiro era uma casinha, latrina, no quintal. Fui o segundo filho, o primeiro de meus pais desencarnou aos oito anos de uma infecção. Tinha duas irmãs e dois irmãos, que eram menores. Minha mãe perdera quatro filhos. Na época em que começo a narrar, estava na adolescência. Trabalhávamos todos na roça, na terra. Serviço pesado, difícil, e começávamos a labutar, como meu pai costumava falar, pequenos, sete a oito anos. Todos nós éramos analfabetos, usávamos, como remédio para curar doenças, ervas e benzeções. Morrer criança era normal naquele lugar. Nenhum médico ia por aqueles lados, não tínhamos como adquirir remédios. Pela vizinhança, havia agrupamentos, pequenas vilas. Região esquecida pelos homens importantes, pelos políticos.

Mas não era esse nosso problema maior. Ali, a lei era a do mais forte. Nosso pequeno sítio, como muitos por ali, ficava perto de uma vila e nela morava o Caolho, apelido de um homem mau, vingativo, que mandava em tudo e todos. Cobrava das pessoas do lugar, dos moradores da vila e da região uma porcentagem do que se produzia; era, como dizia, para a proteção, para estarem ali. Havia muitos abusos e "ai" daqueles que ousavam não pagar pela proteção: suas casas eram queimadas, estupravam as mulheres, até os homens, e, às vezes para servir de exemplo e deixar todos mais temerosos, matavam os homens, o chefe da casa, e expulsavam a família, que tinha de ir embora dali. Era um horror, muito triste.

Estava com dezesseis anos quando meu pai desencarnou. Sentiu dores no peito, que foram aumentando, e faleceu, talvez por alguma doença do coração. Passamos a trabalhar dobrado; meus dois avôs eram idosos; embora não tivessem muitos anos, pela desnutrição, labuta pesada, envelheceram precocemente. Foram perdas que tivemos num período curto: meu avô materno desencarnou por uma infecção de um ferimento, e minha avó também mudou de Plano do Físico para o Espiritual dois meses depois por uma gripe forte, talvez pneumonia.

Duas vezes ao ano, após as colheitas, homens do Caolho vinham cobrar a taxa de proteção que chamávamos, sem eles saberem, de "taxa de exploração". Estou narrando isto, acontecimentos de anos passados, mas sei que isso ainda ocorre, mas de forma mais velada, nos sertões, e políticos, autoridades, continuam ignorando ou fingindo desconhecer. Talvez eles reencarnem lá... Sei também que em cidades grandes, nas periferias, usando de outro nome, milícias cobram taxas de proteção para que pessoas morem ali ou trabalhem, e também são ignoradas...

Seria injusto o "se" de viver naquele lugar se não houvesse a reencarnação. Mas aqueles que podem deveriam impedir estes abusos, e quem pode e não faz fica endividado e um dia terá de pagar a dívida.

Voltando à minha história de vida, vieram ao sítio três homens, jagunços do Caolho, cobrar a taxa. Quando isto ocorria, quem os atendia eram os idosos da casa. As meninas, mocinhas, escondiam-se dentro da moradia, embaixo da cama. Normalmente eles recebiam, contavam o dinheiro, conferiam os alimentos e iam embora.

Estava com dezoito anos, logo iria completar dezenove anos. Ali se casavam, se juntavam, se amasiavam muito jovens, mas não me interessei em arrumar uma companheira, não queria ter filhos para viver naquela miséria.

Um fato que somente agora que estou narrando me lembro é que na minha infância tudo era normal, não tinha como comparar, não conhecia outra forma de viver. Na adolescência foi que passei a perceber que tínhamos muitas dificuldades e sentia vontade de ler. Ao pegar um papel escrito, sentia dentro de mim que iria ler, mas, ao olhar os desenhos, as letras não faziam sentido. Doía ser analfabeto. Eu era diferente dos outros, comia com talheres, gostava de cortar alimentos com faca, pensava, me imaginava vestido com roupas bonitas, passadas e não amarrotadas como usava.

Um dia três homens foram pegar o dinheiro, e mamãe e meu avô foram recebê-los na frente da casa; ela torceu o pé e gritou de dor, então eu saí, e minhas irmãs, preocupadas, foram ver o acontecera. Os três jagunços as viram e, rindo, disseram que iam estuprá-las, não se importaram com as rogativas. Dois deles entraram na casa, arrastando-as, e o terceiro disse que ia esperá-los, afastou-se e ficou perto dos cavalos. Não pude suportar, ficamos todos assustados, rogamos, pedimos por Deus.

Sempre quando via aqueles homens, prestava atenção em como eles usavam suas armas, como atiravam. Eu manejava bem as facas. Meu avô, o que havia desencarnado, sempre recomendou e nos ensinou como matar animais para comer, dizia que os matava para nos alimentar e que deveríamos aprender a sacrificá-los para não fazê-los sofrer. Assim, sabia onde, no pescoço, cortar a artéria e sabia como acertar o coração.

Devagar, sem fazer barulho, fui atrás deles. Peguei a faca, que estava sempre bem afiada, era eu quem ultimamente a usava. Cada um deles fora para um quarto. Entrei em um, o homem estava tentando fazer minha irmã se deitar. Por trás, peguei-o pelos cabelos e cortei com um golpe certeiro seu pescoço. Com meu braço, tampei sua boca, coloquei-o no chão, fiz sinal para minha irmã ficar quieta. Fui rápido para o outro quarto e foi parecido, este homem tentou gritar, dei-lhe outra facada. Pedi silêncio. Peguei a garrucha dele, verifiquei se estava carregada. Saí, do lado de fora da casa mamãe e meus irmãos choravam, meu avô e tia estavam transtornados.

— Entrem e fiquem calados — pedi.

Vi onde estava o terceiro homem, aproximei-me, ele me olhou e nem se importou com minha presença. Quando estava a cinco passos dele, levantei a mão e atirei duas vezes no peito dele. Ele não reagiu, não esperava um ataque. Voltei depressa para a casa, tinha, e rápido, que decidir o que fazer.

— Você matou os três? — perguntou mamãe apavorada.

— Sim, matei.

— Sabe o que fez? Agora irão nos torturar, nos matar — meu avô estava desolado.

— Irão, não! — determinei. — Vamos fazer o seguinte, e depressa: pegaremos todo o dinheiro deles, armas, tudo o que seja de valor. Colocaremos os cadáveres em dois cavalos; vovô e Pedro, meu irmão, levarão os animais para o pasto e os espantarão; com certeza eles irão, pela sede, ao riacho. Quando os encontrarem ficarão em dúvida sobre quem os matou e roubou. As mulheres, rápido, limpem o sangue, peguem as colchas sujas, enrolem-nas e as coloquem no esconderijo. Depois peguem as comidas e vão todos para a gruta.

Tínhamos em casa, debaixo de uma cama, um buraco bem tapado, dificilmente seria encontrado, era onde escondíamos alimentos. A gruta não era conhecida: entre algumas árvores, havia, num barranco, um buraco em que nós plantamos folhagem para esconder a entrada, que era pequena, e, se arrastando por uns quatro metros, dava-se num salão, o local era bonito. Meu pai a encontrou e não comentamos com ninguém, seria um esconderijo numa necessidade.

— Os animais? O que fazer com eles? — meu avô preocupou-se.

Tínhamos algumas cabras e galinhas.

— Vamos tratar deles agora; amanhã à noite, Pedro, prestando muita atenção, vem aqui para dar comida a eles. Rápido, não temos muito tempo.

Ajudei a pegar os cadáveres, tiramos tudo de valor deles para parecer um roubo, colocamos os três em dois animais, deixei um cavalo. Vovô e Pedro os levaram ao pasto e os assustaram, os animais partiram em disparada. Ajudei-os a limpar a casa, a tratar dos animais e a pegar tudo o que tínhamos para comer.

— Agora vão rápido — ordenei.

— Você não vem conosco? — vovô quis saber.

— Não. Vou acabar de resolver o que comecei.

— Meu filho, o que vai fazer? — mamãe estava com medo.

— Não sei ainda. Se eu não buscá-los em três dias, devem ir embora daqui. Pedro vem aqui, solta os animais, e vocês partem à noite, vão andando com cuidado até a cidade e lá pegam o trem e somem daqui. O dinheiro que pegamos dos jagunços dará para as passagens.

As mulheres choraram.

— Peguem essas armas — dei uma para cada um dos meus irmãos. — Usem-nas assim.

Ensinei a eles. Despedimo-nos. Andando ligeiro foram para a encosta, onde estava a gruta.

Verifiquei a casa, tudo estava como queria. Armado com uma garrucha e duas facas, montei no cavalo que ficara e fui para a vila.

"Se quero", pensei, "defender minha família, tenho de matar o chefe, o Caolho".

No caminho, fui tentando encontrar uma solução. Sabia que os homens de Caolho deviam estar pegando o dinheiro da proteção; eles, para fazer esta tarefa, dividiam-se em grupos. Calculei que não devia ter muitos deles guardando o chefe e três homens já tinham morrido. Perto da vila, desci do cavalo, deixei-o solto e, caminhando, fui à vila, que era um aglomerado de casas; numa melhor e maior, residia o chefe, que não participava do recolhimento da proteção. Observei tudo, vi um homem, um guarda-costas, sentado na escada; ele olhava tudo com indiferença. Eles eram confiantes, sabiam que os moradores do lugar não possuíam armas e, com certeza, não ousariam atacá-los. Estavam preparados para ataques de outros bandos. Na região, havia alguns grupos de malfeitores: uns fixos, tinham residência em vilas, como o Caolho, e mandavam na região; outros bandos estavam sempre atacando algum lugar e, depois que depredavam, roubavam tudo o que queriam, iam embora para outra localidade.

Aproximei-me do que estava à frente da casa, cumprimentei-o. Para iniciar uma conversa, perguntei se Caolho não estava precisando de homens. Ele disse que não, mas, se quisesse mesmo entrar para o bando, que deveria conversar com Manoel, um empregado de confiança.

Fingi escutar um barulho.

— Estão chamando o senhor lá no fundo.

— Não escutei.

— Chamaram, sim — afirmei. — Quantos estão na casa?

— Eu, mais dois e o chefe — respondeu.

Ele se levantou e foi caminhando pelo corredor lateral direito, que contornava a casa e ia para os fundos dela, para o quintal. Fui atrás e, onde achei que não seríamos vistos, atingi-o no pescoço com a faca e rapidamente dei outra facada em seu peito. Ele caiu, estava morrendo. Continuei andando, entrei no quintal e vi o segundo jagunço cuidando de três animais. Sem olhar, escutando o barulho, ele perguntou:

— O que quer, Vando?

— Nada — respondi.

E quando olhou recebeu uma facada no pescoço e outra no peito. Deixei-o caído, aproximei-me da cozinha e vi, pela janela, duas mulheres e três crianças, com certeza faziam o almoço. Contornei, voltei pelo corredor, fui à frente e entrei na casa pela porta de entrada. Esta residência era bonita, havia objetos diferentes, talvez valiosos e roubados. Tentei escutar barulhos e concluí que Caolho estava num cômodo, onde, pelo que comentavam, ele costuma ficar, hoje seria um escritório, e, em outra sala, estava o terceiro jagunço, que afiava uma navalha. Aproximei-me sem que ele percebesse, o atingi na nuca com o cabo da garrucha e o esfaqueei no pescoço; depois, como nos outros, atingi o coração. O corpo fez barulho ao cair, mas não alertou ninguém. Na casa moravam as três mulheres de Caolho com oito filhos, e as crianças estavam sempre fazendo algazarra.

Entrei no cômodo em que este maldoso chefe estava. Ele me olhou indignado.

— Como entrou aqui? Vando! Marreco! — gritou ele.

Assustou-se quando apontei a arma para ele e atirei três vezes no seu peito.

Com o barulho, as mulheres e as crianças foram correndo, assustaram-se com o homem sangrando na sala e mais ainda ao me ver com a arma na mão e Caolho na cadeira, com os olhos abertos e com o peito sangrando.

— Parem de gritar! — ordenei.

Calaram-se. As três mulheres estavam assustadas e tremiam de medo.

— Caolho morreu, os três homens que estavam aqui também. Não irei fazer o que ele costuma fazer, estuprar as mulheres e matar as crianças. O restante do bando com certeza voltará e haverá muitas mortes, não responderei pelo que os outros possam fazer, então vocês três, mães, devem ir embora com seus filhos, e rápido. Arrumem suas coisas, pertences, peguem tudo o que quiserem da casa, mas não exagerem porque não terão como levar, coloquem tudo nas duas carroças e vão com os três animais que ficaram. Não demorem! Vão!

A mais jovem das mulheres do Caolho devia ter dezoito anos, estava com o filhinho no colo, aproximou-se dele e cuspiu.

— Irei para a casa de meus pais, com certeza eles me acolherão. Espero, rapaz, que saiba o que fazer. Cuidado!

A mulher mais velha chorou, as crianças estavam apavoradas. Pedi para a mais nova ajudar a levar Caolho na cadeira para perto da porta da frente da casa.

Quando entrei no cômodo em que Caolho estava, ele mexia numa gaveta, que estava aberta, e nela vi dinheiro. Quando atirei nele, fechei a gaveta. Depois que o deixei à frente da porta fechada, voltei ao cômodo, abri a gaveta e de fato nela havia muito dinheiro, pelo menos para mim e para aquele lugar. Peguei uma quantia, dividi em três, tranquei a gaveta e coloquei a chave no meu bolso. Dei dinheiro para as três mulheres. Decidiram que a moça, a mais jovem, iria embora num cavalo; ela amarrou o filho no peito e foi a primeira a partir. Novamente ordenei para as outras se apressarem. Cada uma se acomodou numa carroça, levando o que pegara, e, com os filhos, as duas finalmente foram embora. Fui à cozinha, me alimentei, fechei a casa, coloquei Caolho com os três homens mortos na frente. Foi um rebuliço na vila: primeiro eles, os moradores, viram as três mulheres com as crianças saindo e, depois, os quatro mortos. Havia encontrado, no cômodo particular do antigo chefe, uma arma, moderna para a época, que dava vários tiros e um revólver. Fiquei bem armado, não me desfiz das facas.

Fiquei em frente à porta e, curiosas, muitas pessoas ficaram ali olhando sem entender. Expliquei:

— Caolho morreu e alguns de seus homens. Em vez de me vingar, como ele sempre fez, da família, deixei as mulheres e filhos dele irem embora. Eu os matei e matarei quem me enfrentar e, se alguém aqui tentar avisar o bando que está voltando, mato também. Daqui tenho a visão se alguém sair da vila. Se eu me tornar chefe, tudo melhorará, não teremos mais estupros, a taxa de proteção cairá por menos da metade.

Assustados, curiosos, conversaram entre eles. Sentei e esperei, duas horas depois o grupo de homens de Caolho voltou. As pessoas, assim que os viram se aproximar, se esconderam, mas, curiosas, ficaram observando pelas frestas das janelas. Levantei-me, fui para a rua e os olhei. O bando voltava conversando e rindo. Rapidamente os contei: além dos três que eu havia matado no sítio, faltavam quatro, que deviam ter ficado para trás. Pararam de conversar, mais admirados do que assustados, e olharam para os quatro mortos na frente da casa.

Peguei o revólver, apontei para eles e falei:

— Matei-os e mato quem quiser me enfrentar.

Nem agora, depois de tantos anos, consigo entender como consegui ficar calmo e agir com tanta frieza. Não matei ninguém com ódio, o fiz sentindo como uma necessidade, como se não tivesse outra opção. A partir do momento em que matei dois para defender minhas irmãs, entendi que não tinha outra alternativa: ou continuava matando ou iria ter uma morte terrível e também minha família.

Três homens desceram dos cavalos e me encararam, um deles indagou:

— Você não é o Genésio, o filho do finado Pedroca? Pertence a outro bando? É traidor?

— Sou Genésio! Não sou traidor porque não pertenço ao bando do Caolho. Repito: matei esses quatro. Quem mais quer morrer?

— Como os assassinou? — perguntou um outro.

— Foi muito fácil. E aí? Aceitam-me como chefe ou morrem.

Um dos que desceram do cavalo riu; ia pegar a arma que estava na sua cintura quando atirei. Meu tiro foi certeiro, acertei-o no coração e rapidamente atirei mais duas vezes e matei os outros dois que sacaram suas armas. Penso que foram surpreendidos. Como poderia um rapaz sozinho enfrentar um bando que todos temiam? Silêncio. Virei-me para Manoel e atirei nele. Esse homem era muito mau, braço direito de Caolho, tinha de alguma forma parar suas maldades.

— E aí? — gritei.

— Tudo bem! Tanto faz ter um chefe como outro — concordou um deles.

— Desçam todos dos cavalos — ordenei. — Você — apontei para um —, pegue o dinheiro. Não irão mais, por enquanto, fazer cobranças da taxa de proteção. Você, pegue as armas dos mortos e as coloque aqui. Ninguém de vocês entre na casa. Se entrarem sem ser convidados, morrem. Deixem os cavalos no fundo, dois de vocês cuidem deles. Peguem dos mortos o que quiserem e repartam entre vocês, depois os enterrem. Não façam nada às famílias deles, isto se eles tiverem, e digam a eles para virem conversar comigo depois de amanhã. Agora cumpram as ordens.

Fiquei na área com as armas nas mãos, trouxeram as armas dos mortos e o dinheiro. Peguei e entrei. Vi, pela janela, eles pegarem os cadáveres e tirarem deles tudo o que era de valor: roupas, chapéus, botas e até dentes de ouro, que ali costumavam indicar poder. Algumas mulheres vieram chorando e foram enterrá-los.

Fiquei dentro da casa com ela bem fechada. Escolhi o quarto maior, que fora de Caolho, para dormir. Neste cômodo somente havia uma porta, que dava para o corredor, não tinha janela. Nele havia uma cama e uma rede. Concluí que eles tentariam me matar, não poderia dormir nem na cama nem na rede. Coloquei na rede uma colcha, ficou parecendo ter uma pessoa nela, e também fiz isto na cama. Subi no armário, coloquei outra colcha em cima e resolvi dormir ali. Acostumado a dormir no chão, ali estava bom para mim, era seguro. Como esperava, acordei mais por instinto, escutei barulho, senti que havia pessoas na casa. Prestei atenção, deixara perto de mim três armas, peguei o revólver e esperei. Onde estava conseguiria ver quem entrasse pela porta. E ela abriu. Vi três homens, um esperou na porta e os outros dois entraram no quarto; um foi direto à rede para esfaquear quem estivesse dormindo nela e o outro dirigiu-se à cama. Atirei no que ficou na porta porque ele estava com uma garrucha na mão; os outros, com facas. Depois, rápido, atirei no que estava esfaqueando a rede e, em seguida, no que estava perto da cama. Pulei do armário, atirei mais uma vez neles e verifiquei se não havia mais alguém. Eram somente os três. Fui dormir em outro quarto. Pela manhã fui à frente da casa e gritei pelos jagunços. Eles vieram. Ordenei:

— Tirem os três mortos da casa e os enterrem. Quem mais quer ser morto? Quem quer me enfrentar? Ninguém? Então aceitem que eu sou o chefe e me obedeçam. Quero que dois de vocês limpem a casa do sangue deles. Às dez horas estejam aqui na frente para receber ordens.

Ficaram no bando doze homens, e estes juraram me obedecer. No horário, reunimo-nos e fui claro sobre como iria chefiá-los.

— Não quero que oprimam ninguém, que ameacem ou forcem sem minha ordem. Não quero estupros. Quem estuprar nesta região, seja vocês ou qualquer outro morador, se a vítima for adulto, receberá quinze chicotadas e, se for criança, menor de dezesseis anos, receberá vinte e cinco chicotadas, e o castigo será aqui em frente à casa. Não quero brigas e terão de pagar seus consumos no bar.

Escutaram calados.

Pedi para um menino, filho do dono do bar, que viesse conversar comigo. O proprietário daquele comércio foi com certeza o que mais me apoiou. A esposa dele era bonita e estava sempre sendo estuprada; além disso, com minha ordem, os jagunços teriam de pagar pela bebida. O mocinho veio e eu dei uma ordem para ele:

— Vou lhe emprestar um animal de montaria, você deve ir ao sítio Pau Podre, contar o que aconteceu aqui e dar um recado ao Vigino, para ele, à noite, ir ao sítio em que eu morava esperar pelo Pedro e avisá-los para voltarem à casa. Entendeu?

Você sabe atirar? Que bom que sabe, vou lhe dar uma arma para, se precisar, se defender.

O garoto, esperto, afirmava com a cabeça que entendia. Foi e, à tardinha, voltou e afirmou que fizera o que ordenara.

Mas a arma que dei para o garoto ficou com ele, esqueci de pegá-la de volta. Na manhã seguinte, encontraram um jagunço morto com dois tiros na estrada perto da vila. Os outros jagunços se preocuparam, mas eu não: aquele homem era o que costumava estuprar a mulher do dono do bar. Dei a arma ao garoto: ou foi ele ou o pai quem matara. Ordenei não investigarem.

Chamei o garoto, que foi temeroso, não toquei no assunto do assassinato e pedi para ele levar um cavalo até um lugar na estrada, deixá-lo escondido e voltar a pé; devia fazer isto sem que ninguém o visse e não deveria comentar.

À noite, quando achei que todos estavam dormindo, peguei todo o dinheiro que Caolho tinha, as joias que encontrei e saí da casa pelos fundos, fui andando até onde o cavalo estava escondido e cavalguei para o nosso sítio. Decidi que, se eles não estivessem lá, iria à gruta. Mas estavam. Abraçamo-nos. Contei o que fizera a eles. Mamãe fez comida para mim. Pedi a ela para me ensinar a fazer algumas. Nesses dias que fiquei na casa de Caolho, eu fiz minha comida, temia ser envenenado. Depois, conversamos.

— Estar como chefe é perigoso — contei. — Não temo por mim, mas por vocês. Vim aqui escondido. Quero-os longe. Com certeza alguém tentará novamente me matar. Tudo bem: matei e mereço morrer assassinado, mas vocês não. Quero que partam daqui, e logo, o mais depressa possível. Trouxe o dinheiro que encontrei na casa de Caolho.

— Não podemos morar lá com você? — perguntou uma das minhas irmãs.

— Aqui tudo é incerto. Não morri ainda porque me defendi. Sabemos que há muitos bandos pela região que poderão nos atacar. Grupos que brigam, disputam pelo território e o poder, e os mais prejudicados, como sempre, são os mais fracos. Se está difícil eu me defender, imagina defender a todos.

— Estou velho para me aventurar por aí, penso que o certo é irmos mesmo daqui, mas não irei com eles, ficarei na casa de outro filho, o que mora perto da outra vila.

Minha tia também não iria. Dei dinheiro para os dois. Planejamos.

— Vocês — decidi — irão de carroças, levarão somente o que for mesmo essencial. Penso que, com o dinheiro que estou dando a vocês, dará para comprar roupas e objetos para uma casa que alugarão na cidade. Amanhã à tarde devem partir. É mais seguro viajar à noite. Mandarei duas carroças com o garoto que veio dar o recado. Ele irá junto para levá-los e depois voltará com as carroças. Deixará vovô no sítio do tio Ambrósio e titia na casa de outra sobrinha. Não demorem conversando com os parentes, devem chegar pela manhã na cidade que tem o trem, ele parte às sete horas e trinta minutos. Comprem passagens para alguma cidade; depois desta, para outra. Não quero saber para onde, escolham uma cidade para morar e, se possível, matriculem-se numa escola para aprender a ler. Não mandem notícias. Com certeza não nos veremos mais. Estamos nos separando.

— Tenho medo de viver de forma diferente — queixou-se mamãe. — Sempre vivi aqui. Tudo isto porque você matou aqueles homens.

— E deveria deixar que fôssemos estupradas? Sabe bem que seríamos novamente. Talvez tivéssemos filhos deles — minha irmã indignou-se. — Depois Genésio tem razão: somos jovens e temos de tentar melhorar de vida. Será que Vigino pode ir conosco?

— Pode, sim — concordei. — Também quero que diga ao pai dele, que tem onze filhos, para vir se apossar do nosso sítio.

Ali ninguém tinha escritura de nada e se apossavam, não se tinha dinheiro para comprar terras.

Repeti o que eles tinham de fazer. Recomendei que dividissem o dinheiro entre eles, que o levassem escondido, e que Pedro levaria a arma, mas a usaria somente se precisasse mesmo.

Despedimo-nos. Abraçamo-nos. Mamãe e meu avô me abençoaram. Voltei à vila. No caminho, chorei. Tinha a certeza de que não os veria novamente nem teria notícias deles.

Tentei dormir, o fazia cada noite num quarto, colocava objetos pendurados nas janelas e nas duas portas; se fossem abertas, fariam barulho. O garoto retornou no outro dia à noitinha. Contou que tudo dera certo: deixara meu avô numa casa; a tia, em outra; os demais, na estação, e os viu partir. Foi e voltou sem problemas. Dei-lhe uma gorjeta.

Contratei uma mulher viúva para limpar a casa. Eu cozinhava para não ter perigo de ser colocado veneno no meu alimento.

Recebi informação de que um grupo rival, de outra vila, estava planejando nos atacar. O chefe deles deve ter calculado que estávamos fracos pelas inúmeras perdas que tivéramos.

Chamei todos os jagunços.

— Temos de nos unir. Sabem bem que se formos atacados seremos os primeiros a morrer de forma cruel. Temos armas sobrando, as darei aos homens da vila.

— É perigoso; eles, armados, não nos obedecerão — alertou um deles.

— Depois os escolherei. Agora é planejarmos nos safar deste ataque. Pelo que calculo, eles virão até nós pelo atalho do norte. Se vierem pela estrada, sabem que seremos alertados; pelo atalho, pensam que nos pegarão de surpresa. Amanhã um grupo, dividi-os, irá pela estrada até o Sítio Torto; de lá, para o atalho, estarei neste grupo, os atacaremos pela retaguarda. O outro grupo irá esperá-los na Boca da Onça, onde eles terão de passar.

Boca da Onça era uma passagem estreita com pedras de um lado e barrancos altos do outro.

— E se você estiver errado e eles vierem pela estrada? — Januário estava preocupado.

— Aí eles atacarão a vila, e as pessoas, armadas, a defenderão; então os homens que estiverem na Boca da Onça os verão ou escutarão os tiros e rapidamente virão para atacá-los. Amanhã sairemos cedinho.

Distribuí as armas, pedi cautela, ensinamos alguns homens que não sabiam atirar. Alertei-os dos perigos que corríamos. Todos quiseram cooperar. Partimos no outro dia cedo. Duas horas depois chegamos ao Sítio Torto e lá vimos que tinha razão, o grupo passara por ali e estragara tudo, bateram nos moradores. Prometi que depois os ajudaria e fomos atrás deles seguindo os rastros. Estávamos em menor número de homens. O outro grupo nosso esperava-os na Boca da Onça, estavam escondidos, atiraram ao vê-los. Surpreendidos, muitos foram atingidos. Ao escutarmos os tiros, galopamos e os atacamos, eles se abrigaram nas pedras, mas não esperavam um ataque por trás. Mesmo eles com quase três vezes mais de homens, nós os derrotamos. Três deles, vivos, se renderam.

— Matem-os! — dei a ordem.

Como ninguém atirou neles, atirei, e também em dois que estavam feridos. Fiz isto porque deixá-los vivos seria um problema sério, não tínhamos como deixá-los presos, porque, se eles tivessem oportunidade, se vingariam, eram inimigos. Depois, costumavam torturar e matar devagar os vencidos. Não queria isto.

Ficamos com tudo o que era deles. Mandei levar, para a família do sítio que eles atacaram, três cavalos, dinheiro e duas armas. Os homens do meu bando tiraram até as roupas dos mortos, pegaram tudo que acharam que seria útil e os dentes de ouro. Fizemos um buraco grande e enterramos todos juntos.

Voltamos à vila como vitoriosos. Levamos muitos animais de montaria, mandei doarem aos sitiantes e também alguns para moradores da vila. Com esta proeza, tornei-me respeitado pelos moradores do lugar, pelos jagunços. O chefe do outro grupo que viera nos atacar não ficou sabendo o que ocorrera com seus homens, ninguém foi contar; dois dias depois, como eles não voltaram ou deram notícias, concluiu que o ataque dera errado, porém estava desfalcado. Outro grupo o atacou e o matou. Como eu venci fácil, nenhum homem do meu bando morreu, me tornei respeitado e temido, ficaram com medo de me atacar e vivemos em paz.

Tive de dar castigos com chicotadas por três vezes. Receberam-nos dois jagunços e um morador da vila, e os estupros acabaram. Os jagunços passaram a trabalhar para o seu sustento. A cobrança era pouca, somente para termos homens para nos defender se houvesse ataques de outros bandos. Minha forma de viver era simples e não juntei dinheiro. Queria mesmo era que os políticos se interessassem pela região. Pedi para uma pessoa, moradora da vila, que sabia escrever, para fazê-lo ao governador. Remetemos muitas cartas. Obtive promessas. Mas a forma de viver de todos na vila e sítios melhorou. O medo já não imperava. Não quis ter ninguém, não queria ter companheira nem filhos. Sabia que poderia ser atacado e que era costume se vingarem na família. Continuei morando na casa sozinho. Administrava o lugar e tentei ser justo e bom. Realmente fui. Passaram a me amar.

Não tive, como previ, notícias de minha família. Seis anos se passaram.

Estava andando pela rua quando escutei:

— Você é o Genocídio?

Todos passaram a me chamar assim. Genésio ficara esquecido.

— Sim — olhei para o moço.

Era um jovem bonito, devia ter quinze anos.

Ele apontou uma arma para mim e atirou duas vezes. Usou o fator surpresa, como anteriormente eu fizera. Como achar que um jovem sozinho seria perigoso? Eu caí. Pessoas o cercaram, prenderam o jovem. Fui para casa carregado. Chamaram duas pessoas que eram mais habilidosas em cuidar de feridos.

— Uma bala passou pelo ombro e saiu. Vamos fazer o curativo. A segunda bala é que preocupa, entrou na barriga e não saiu.

Resolveram tirá-la. Amarraram-me na cama, me deram uma bebida alcoólica para tomar, um pano para morder e ervas para cheirar. Senti muita dor e eles tiraram a bala, tentaram estancar a hemorragia.

— Se aqui tivesse um hospital e um médico tudo seria mais fácil e seguro — opinou a mulher que cuidava de mim.

"E não correria perigo de morrer nem sentiria tantas dores", concluí.

Tentei descansar. Senti que ia morrer. Chamei por Januário, ele era o mais velho dos jagunços, o mais ponderado e em quem, com o tempo, passei a confiar.

— O que fizeram com o mocinho? Quem é ele? — quis saber.

— O filho mais velho do Caolho. Por isso que aqui, quando se mata um homem, se mata a família. Ele veio vingar a morte do pai.

— É um direito dele. Não me arrependo de não o ter matado. Naquela época morreram pessoas demais, e ele era criança. O que fizeram com o jovem?

— Os moradores o enforcaram — contou Januário.

Lamentei, mas foi preferível do que torturá-lo. Pedi para Januário cuidar de tudo se eu morresse. E que, se o governador cumprisse o que prometera, para fazer da casa que morava a escola e o posto de saúde.

Chamei mais umas pessoas e falei minha vontade e que todos tentassem ficar em paz.

O ferimento infeccionou, sofri muito, senti muitas dores e desencarnei quinze dias depois.

Na narrativa, Genésio fez uma pausa, estava emocionado, suspirou e retornou ao seu relato.

Vi, de forma confusa, meu corpo físico morto, escutei conversas, todos ali sentiram meu desencarne. Do meu modo, cuidei deles e, quando estive como chefe, não houve abusos. Fui atraído para o Umbral e lá fiquei sozinho. Nenhum dos que eu assassinara se aproximou de mim; eles, por suas muitas maldades, estavam em situações complicadas. Entendi que morrera, às vezes ficava mais confuso, mas a maior parte do tempo entendia o que estava acontecendo.

"Morri e não morri", concluí. "Estou vivo e não estou no inferno de fogo nem vi nenhum capeta. Devo estar no purgatório."

Foi então que um dia prestei atenção em espíritos diferentes, limpos e tranquilos, segui-os e, quando eles falavam, eu me aproximava para escutá-los. Eram socorristas que ensinavam que devíamos perdoar, pedir perdão e amar.

Um dia, andando por aquele vale, escutei:

— Geno... Genésio!

Olhei admirado; por muitos anos ali, não havia escutado ninguém me chamar.

— Januário!

Abraçamo-nos. Conversamos.

Januário desencarnara, vagara por um tempo, fora socorrido e viera me procurar. Ele me explicou como era o lugar em que estava e como era viver de outro modo. Levou-me para o posto de socorro onde morava. Compreendi que estava sendo auxiliado pela imensa bondade de Deus, aceitei com humildade o socorro e logo comecei a fazer tarefas.

Desencarnei, não fiquei perturbado, não me senti doente ou ferido, sofri por estar no Umbral, pela solidão, por estar ocioso e por muita tristeza.

No posto de socorro onde estou, agora no momento, trabalho, aprendo e estou começando a me harmonizar. Com Januário, fui ao lugar onde estive encarnado. A vila teve muitas mudanças nestes quinze anos desde que desencarnei. Mas, de forma diferente, ainda tinha opressores e oprimidos. Construíram uma escola, um posto de saúde, e a vila se tornou mais habitada, maior. Mas patrões pagavam pouco aos empregados, e muitos ali viviam miseravelmente.

Fui também, com permissão, rever meus familiares. Moravam de forma precária numa favela em uma cidade grande. Se pensei que lhes dera muito dinheiro, na vila era, numa cidade grande, não era muito. Analfabetos, não tendo conhecimentos profissionais, conseguiram empregos braçais, ganhando pouco, continuavam a viver com dificuldade e tinham de pagar agora, não para os jagunços, mas para milícias, uma proteção que deviam receber de graça das autoridades.

Meu avô desencarnou, estava bem, abrigado num posto de socorro, minha tia-avó continuava encarnada e minha mãe também. Mamãe e meus irmãos moravam todos juntos; minhas irmãs tinham filhos e Pedro também, o caçula estava solteiro. Esforcei-me para que eles se lembrassem de mim. Ninguém o fez, nem sabiam que havia desencarnado. Orei por eles. Quero-os bem. Somente tinha minha oração para ajudá-los.

Genésio

Genésio calou-se, sua narrativa havia terminado.

— Você sente por ter sido um assassino? O seu "se" é por isto? — perguntou um dos ouvintes.

— Resolvi o problema de muitos, melhorei a vida daqueles sofridos moradores. Fiz isto, mas a que preço? Matar é errado.

"Não matarás" é um dos mandamentos. Embora não o tenha feito com raiva ou ódio, fiz como algo que pensava que tinha de fazer. Os três primeiros foram em defesa das minhas irmãs. Depois, concluí que não tinha como deixá-los vivos, eram eles ou eu, ou pior, os membros inocentes de minha família. Os outros, para que não fossem torturados, porque era costume ali matar os vencidos de forma cruel. Fiz como se não tivesse outra alternativa. Poderia ter continuado passivo e não matar. Não há justificativa para quem tira uma pessoa da vida física. Mas meu "se" é outro.

Fez, na narrativa, outra pausa.

— Encarnado, tinha algumas atitudes diferentes das dos outros, como me alimentar usando talheres, gostar de roupas limpas e passadas, falar mais corretamente, usando os verbos nos tempos certos, e sentia muita falta de ler e escrever. Entendo que era mais inteligente que a maioria dos habitantes dali, sentia vontade de acabar com a opressão, com a exploração das pessoas. Foi o que fiz, mas não deveria ter matado. Não me preparei para fazer algo assim. Porém senti o que é ser oprimido. Depois de um tempo no Umbral, comecei a lembrar de minha encarnação anterior e é aí que o "se" entra.

Comecei me recordando de que estivera anteriormente naquele lugar, no Umbral, mas com muito sofrimento, com a dor do arrependimento e que lamentava muito: 'Ah! Se eu...'

No posto de socorro onde estou agora, recebi ajuda para organizar minhas lembranças. Então me recordei.

Na minha penúltima encarnação, nasci numa família de posses financeiras, tive tudo o que queria e muitos supérfluos. Meu pai era um coronel respeitado e temido. Eu estudei, segui carreira política e, além da riqueza que recebi de herança, acumulei mais, fui muito rico.

Como político, enganei, ameacei para receber votos e roubei. Justificava-me dizendo que todos faziam, que o dinheiro era do governo etc. Ficava com o dinheiro que seria empregado na educação, para construir escolas, e até que fazia, mas com o dinheiro de uma daria para fazer mais duas; isto também com hospitais, estradas etc. Onde tivesse obras públicas, havia desvios. O ato mais errado que cometi foi não fazer o que devia. Quando não fazemos o que tem de ser feito, o que podemos fazer, criamos débitos que têm de ser pagos. Deixei de fazer com minha atitude de político corrupto. Privei pessoas de ter atendimento médico, de estudar e, pior, poderia ter impedido que fossem oprimidos. Sabia dos abusos dos poderosos sobre os pobres e nada fiz. Desencarnei e sofri muito no Umbral, castigado por aqueles que prejudicara. Pensava ser injustiçado, não havia feito nenhuma maldade, dera esmolas, fora religioso, nunca batera em ninguém ou ofendera. Quando entendi que, pelo meu ato, fizera muitas pessoas sofrerem, arrependi-me e fui socorrido. Reencarnei num local onde eu poderia ter feito essas benfeitorias e não fiz.

Compliquei-me mais como Genésio; se vocês observarem, verão que tenho nas mãos a marca, a cor de quem tirou pessoas do veículo físico, e tenho também pontos rubros na cabeça, por atos que fiz como político e pelo que deixei que outros fizessem de errado. Pessoas desencarnaram sem atendimento médico, analfabetas, oprimidas pelos poderosos etc. e fui responsabilizado por isto.

Terei com certeza de reencarnar e receber as reações do que fiz. Mas irei, como me foi aconselhado, ficar mais tempo no Plano Espiritual, trabalhando e estudando para reencarnar com mais segurança.

Tenho muito o que lamentar. Por que eu não me contentei com a fortuna herdada e que também não fora adquirida por meios legais? Por que não ressarci os que foram lesados pelo meu pai e avô? Por que não trabalhei? 'Se' tivesse feito isso... 'Se' tivesse sido um político honesto, quantas vidas teriam sido poupadas e tantos seriam agraciados? Desculpem-me se choro. Foi quando senti a miséria, a vontade de estudar, precisei ou vi familiares precisando de remédios, atendimento médico, de alguém para nos defender de opressores, que entendi o tanto que poderia, anteriormente, ter feito e não fiz. Se eu soubesse... Porém temos como saber, todos devemos ser honestos, temos em nós a consciência de que devemos fazer o bem. Se tivesse sido um político íntegro, não teria sofrido no Umbral e não teria sentido dor tão doída como é a do remorso.

Minha família e todos os que estavam ali naquela região, aquilo era, para eles, um aprendizado, para sentir a reação de atos equivocados. Meus entes queridos foram embora daquele lugar para morar na periferia de uma grande cidade e continuaram a sentir opressão.

Vejo, infelizmente, que muitos políticos continuam agindo errado; muitos, como eu fiz no passado, pensam: 'Que me importam as milícias, os traficantes, os ladrões e os homicidas? O que me importa é que minha família não seja atingida'. Ah, outros tentam justificar: 'Eles não gostam de estudar. Por que ir para uma universidade? São desprovidos de inteligência, não aprendem mesmo. Doentes? Eles que esperem pelo atendimento, são maníacos, inventam doenças. Para que querem isto? Esses pobres querem é regalias etc.' O pior é deixar que sejam oprimidos. Eles tentam justificar, como eu fiz: 'Não sou eu que faço'. Esquecem que omissos permitem. Podem evitar e não o fazem. Meu 'se' de arrependimento é dolorido, e, quem pode fazer e não faz, não se esqueça: adquire-se uma dívida enorme e que terá de ser paga um dia. Penso que muitos destes políticos reencarnarão em lugar complicado para um aprendizado, para compreender que somos responsáveis pelo que de ruim acontece às pessoas, pelos nossos atos equivocados e também pelo que outros, sob nossas ordens ou permissão, fizeram. Como a corrupção priva as pessoas de viver melhor! Ah, 'se' eu não tivesse sido ambicioso!

O relato de Genésio comoveu a todos.

— O que doeu mais em você: Ter sido a causa de muitos sofrerem ou ter matado a tantos? — Leonardo quis entender.

— Penso que matei de duas formas. Matar sonhos é abuso, poder impedir que outros façam maldades e não impedir nos faz sofrer. Respondendo com sinceridade, o que me causa mais remorso e tristeza é o primeiro: os atos errados que fiz como opressor e político.

— Quais seus planos para o futuro? — quis eu saber.

— Preparar-me melhor para reencarnar, porque terei de receber as reações de atitudes equivocadas, sentir a opressão e, quando sentir, não reagir, não cometer mais erros. Se agir corretamente, me prepararei para ser novamente uma pessoa influente, para fazer de fato o que compete a uma pessoa de bem realizar.

— Você tem medo destas provas? — perguntei.

— Sim. Infelizmente temo as reações, fiz e tenho de receber, quitar o meu negativo e aprender as lições que a dor tem que me ensinar. No momento, temo muito ter qualquer poder. Será com certeza uma prova muito difícil. Para isto é que devo me preparar.

— Você se sente inseguro? Tem medo? — indagou um senhor que estava na reunião.

— Tenho os dois, muito medo e insegurança. Temo voltar ao Plano Físico, porque terei o esquecimento, e, ao ser novamente oprimido, posso reagir como fiz nesta minha última encarnação, em que, de modo errôneo, pensei ter encontrado uma solução. Mas temo mais o poder. Se não tivesse tido...

— O que você, Genésio, quer que eu, Antônio Carlos, escreva no final do seu relato?

— Para quem o ler, que pense que, ao ter responsabilidade sobre algo, deve estar atento para que outros não errem sob seu comando. Não seja "bonzinho" e permita que façam atos errados. Porque sofrimentos que resultam do seu não fazer têm um peso grande, pelo qual se adquire um débito, que terá de ser pago, resgatado. E esteja atento, porque normalmente um erro puxa outros. Adquiri o hábito de ler *O Evangelho segundo o espiritismo*, tenho meditado muito num texto contido no vigésimo capítulo, "Trabalhadores da última hora", item cinco, "Trabalhadores do Senhor". Vou citar as passagens que decorei e que estou sempre repetindo: "Por que pedis graça, se não tivesse piedade de vossos irmãos, se vos recusastes a lhes estender as mãos e se esmagastes o fraco em vez de socorrer? Por que pedis graça, se procurastes a recompensa nos prazeres da terra e na satisfação do vosso orgulho?"; "As recompensas celestes são para aqueles que não houverem pedido recompensas da terra"; "Felizes serão os que tiverem trabalhado o campo do Senhor com desinteresse e movidos apenas pela caridade." Tenho esperança de ser um trabalhador do Senhor e não ter o que mais lamentar. Ah, se eu for... Agradeço-os por me escutar.

Explicação do Antônio Carlos:

Genésio concluiu muito bem; quando podemos e não fazemos o que nos compete, criamos débitos, que terão de ser ressarcidos. Ser "bonzinho" e deixar outros, sob nossa responsabilidade, agirem erroneamente é um erro. Ser bom é ajudar todos a agirem corretamente, impedir erros. Ele, como autoridade, político, usou indevidamente dinheiro público, isto é roubo, e um dos mandamentos é: não roubarás. Por mais que se tentem justificar estes atos errados, eles não são aceitos como desculpas. Com sua atitude de corrupto, como sempre acontece, teve de permitir que outras pessoas fizessem atos indevidos. Roubou e, para que outros ficassem calados, permitiu que eles roubassem também. Ele será responsabilizado pelos seus atos e pelos de seus subordinados.

Para um aprendizado, devem sentir o que fizeram outros sentirem; podem, embora não seja regra geral, nada é taxativo, reencarnar e passar por privações e opressões às vezes por mais de uma encarnação. Como Genésio, ele, em determinada situação, reagiu, quis acabar com o sofrimento dele e daquelas pessoas. Se antes ele pôde fazer e não o fez, resolveu fazer sem preparo, e o jeito que encontrou foi errando mais. Ele, no Plano Espiritual, planejou aprender pelo sofrimento, sentir o que fizera outros, pela sua imprudência, sofrerem. Viveria ali, no sítio, por quarenta anos. Mudou seu planejamento, assassinou e foi assassinado. Ele sabe que o retorno virá, terá de se harmonizar ou trabalhar muito no bem e para o bem, sendo realmente bom e não "bonzinho", porque, como político, foi para os seus assessores, ou terá a dor para quitar seus débitos. Depois de provar a si mesmo que aprendeu a lição, terá novamente o poder e deverá fazer o que lhe compete.

Se podemos suavizar, acabar com sofrimento alheio e não o fazemos, seremos com certeza responsabilizados por isto. Quem não faz o que pode e tem que fazer gera para si uma energia negativa; este ato será cobrado, e poderá sentir falta do que, pela sua inércia e imprudência, levou outros a sofrer, também por não ter suavizado dores.

Mas, se não nos recusamos a enxugar lágrimas, teremos as nossas enxugadas ou, dependendo do caso, não teremos motivos para chorar, porque fazer o bem nos harmoniza e anula as reações negativas. Isto é consolador! Faça o que lhe compete, às vezes é uma palavra de consolo, ser voluntário em asilos, visitar a periferia... Fazendo pequenas coisas com amor, seremos um dia servos fiéis do Senhor para fazer grandes coisas.

Agindo corretamente, não lamentaremos, como Genésio, o "se", por termos sido ambiciosos ou não termos sido honestos...

CAPÍTULO 3

O "SE" DE JOANA

Joana é uma pessoa que você gosta de ficar perto, de conversar. Deu seu depoimento, cativou a todos. Convidei-a a ditar sua história de vida à médium. Aceitou. Com horário marcado e eu junto, viemos por vários dias até terminar o relato.

Aí está a sua história:

Sou Joana, este foi o nome que recebi na minha última encarnação. Estou há cinco anos no Plano Espiritual. Moro numa colônia, onde estudo e trabalho. Ao saber que ia ter esses encontros para abordar o "se" de nossas vidas, fiquei curiosa e vim. Reunindo-nos entendi que não fora somente eu a ter o "se" para lamentar.

No momento lastimo menos o meu "se", o fiz mais quando estava encarnada. Do que fiz, duas encarnadas receberam mais as reações do que eu da minha ação. Tentei reparar, mas ato feito não se pode modificar...

Não tenho o que falar de minha infância, adolescência, fui sempre pobre, mas não miserável. Meus pais eram trabalhadores, honestos, criaram-nos, meus irmãos e eu, com carinho, embora sempre com dificuldades. Estudamos somente os quatro primeiros anos na escola, depois fomos aprender a trabalhar.

Fui empregada doméstica aos quatorze anos. Gostei do emprego e aprendi a fazer de tudo numa casa de classe média e rica.

Estava com dezesseis anos quando meu pai desencarnou. Mamãe, logo após, arrumou um companheiro, e nós, meus irmãos e eu, não gostamos dele e nos afastamos de casa. Passei a dormir no emprego. Acabamos nos afastando uns dos outros, meus irmãos se casaram, e dois mudaram de cidade.

Viajei com meus patrões, que alugaram uma casa numa cidade turística para passar uma temporada. Foi lá que conheci Hélio, namoramos, gostamos muito um do outro e, quando minha patroa voltou, eu fiquei com ele. Fomos morar juntos, arrumei um emprego de faxineira num prédio comercial. Compramos uma casinha, fiquei grávida e casamos.

Hélio era uma boa pessoa, seus pais tinham desencarnado e, como eu, se afastara da família. Combinávamos muito, nos amávamos. Trabalhando, nós dois vendemos nossa casa e compramos outra maior.

Tive o primeiro filho, um garoto muito bonito, Fernando; depois de quatro anos, tivemos Letícia; e um ano e oito meses após, nasceu Aline. As crianças iam para a creche para trabalharmos. Nós dois fazíamos tudo o que era possível para eles. As meninas eram obedientes, comportadas, mas o menino sempre nos deu trabalho: brigava muito na creche, na escola, batia nas irmãs, maltratava animais. Preocupávamo-nos e estávamos sempre atentos a ele.

Hélio não estava bem de saúde: consultou médicos, tomava remédios, tinha refluxo, fazia regime alimentar e também era alérgico.

Nosso filho Fernando estava com quinze anos, Letícia com onze e Aline com nove, quando Hélio sofreu um acidente de trabalho e desencarnou. Sofremos muito, e eu, mais ainda.

Fernando continuou me preocupando: ele parou de estudar, não quis trabalhar e tinha amizade com outros garotos como ele.

Recebi tudo o que tinha direito pela desencarnação de Hélio. Melhorei a casa, e um sério problema surgiu: Fernando pegava dinheiro escondido. Quando descobri, ele deu desculpas de que pegara para comprar jaqueta, tênis, roupas. Fiquei brava com ele, que me agrediu, me empurrou e me deu dois tapas. Escondi isto das meninas. Foi um problema atrás do outro com meu filho. Ele não fazia nada e estava sempre com más companhias. Cometeu alguns delitos, e fui chamada à delegacia, ao juizado de menores, não sabia o que fazer. Fernando me roubava, estava sempre bem vestido, minhas filhas não.

Pela quinta vez fui chamada à delegacia, e o delegado avisou:

— Senhora, seu filho logo será maior de idade, com certeza será preso, e aí descontaremos as vezes que ele não pôde ficar guardado, preso.

Arrepiei ao escutar isto. Tentei aconselhá-lo, ele não me ouvia. Fernando pegava muito do meu dinheiro, o da pensão e o do meu ordenado, e com isto penalizava as meninas, que tinham poucas roupas.

O fato é que eu não soube, não sabia, lidar com Fernando e não soube o que fazer. Ele fez aniversário, se tornou adulto e ficou mais comportado por dois meses, também porque um dos seus amigos fora assassinado e outro, preso.

Fernando não se drogava, às vezes vendia drogas para ter dinheiro. Tornou-se um moço muito bonito. Por mais três vezes ele me agrediu, queria dinheiro.

Tínhamos um vizinho, um senhor que morava sozinho, que tinha setenta e seis anos. Ele implicava conosco, ou seja, com Fernando. Uma tarde, estávamos somente Fernando e eu em casa, as meninas estavam na escola; meu filho queria dinheiro, eu não tinha, mas ele disse que ia sair com uma garota e precisava de dinheiro. Rindo, ele avisou:

— Vou pegar do senhor Afonso. Ele tem.

Era o nosso vizinho. Pulou o muro, escutei gritos, o senhor Afonso xingava bravo. De repente fez silêncio. Peguei a escada, encostei-a no muro, pulei e vi a cena, que me apavorou e até hoje me incomoda, entristece. Fernando estava sentado de cabeça baixa, e o senhor Afonso, caído, com um ferimento na cabeça, que sangrava muito.

— Meu Deus! — foi o que consegui falar.

Corri para acudi-lo, e Fernando tentou explicar:

— Mamãe, não mexa nele, o senhor Afonso está morto. Não tive culpa. Pedi dinheiro a ele, que não me deu; lutamos, e eu, para não ser morto, bati com este rolo nele — era um rolo de madeira para abrir massas.

Aí os vizinhos da outra casa, que escutaram barulho, bateram com força na porta, chamando pelo senhor Afonso. Fernando se apavorou e rogou:

— Mamãe, por favor, me acuda! Ajude-me! Não o matei por querer, foi um acidente. Você sabe o que poderá acontecer se aquele delegado me prender. Irá me torturar! Irei sofrer! Fale que foi você.

Nisto, o outro vizinho, a mulher e mais duas pessoas arrombaram a porta e entraram. O homem correu para o senhor Afonso, colocou a mão em frente ao nariz dele e no pescoço.

— O que aconteceu? — quiseram saber.

Fernando foi quem respondeu:

— O senhor Afonso pediu, pelo muro, socorro à minha mãe, que veio ver o que ele precisava. Ela pulou o muro pela escada.

O senhor Afonso quis estuprar mamãe, e ela se defendeu. Foi um acidente! Ela me chamou, pulei o muro e vi que o senhor Afonso morreu. Foi isto, não é, mamãe? — confirmei com a cabeça.

— Vocês dois não saiam daqui — ordenou o vizinho.

Fernando me abraçou e repetiu baixinho, no meu ouvido, o que eu teria de contar, e o fez com mais detalhes. Chegaram juntas a ambulância e a polícia. Constataram que o senhor Afonso estava morto e me prenderam em flagrante.

— Fernando, cuide de suas irmãs — roguei.

— Pode deixar, mamãe: serei o homem da casa, cuidarei delas.

— Jure — pedi.

— Juro — afirmou Fernando.

Fui presa, levada para outra cidade, no presídio feminino. Repeti o que havia combinado com meu filho. No começo fiquei confusa, passei quinze dias sem notícias, aí Fernando pôde me visitar. Contou:

— Mamãe, vamos continuar contando que a senhora se defendeu, será legítima defesa. Seu patrão a mandou embora por justa causa. Temos a pensão do papai. As meninas choraram muito, mas estão esperançosas de que você sairá logo. Penso que Letícia e Aline não acreditaram, mas respeitarão sua vontade. Mamãe, não se preocupe, nem tenho saído de casa, faço até o serviço do nosso lar. As duas estão bem, têm ido à escola, elas não podem vir visitá-la, são menores.

O que ocorreu é que fui julgada e tive, para me defender, um advogado que atende gratuitamente e que, infelizmente, não se esforçou na minha defesa. Meu julgamento não demorou porque, naquela época, fizeram todos os pendentes. Fui condenada a quinze anos. Os vizinhos testemunharam que o senhor Afonso era uma pessoa séria, que não acreditaram que ele ia me estuprar, que nunca pedia ajuda e que não gostava de Fernando, pois ele o incomodava.

Vi meu filho no julgamento e não vi mais minhas filhas. Queria acreditar que os três estavam bem.

Escrevi para minhas filhas, elas não responderam.

Fernando foi me ver depois do julgamento duas vezes e afirmava que estavam bem. Depois, não foi mais, e as últimas cartas foram devolvidas, informando que haviam se mudado.

Como sofri ao ficar sem saber deles. Escrevi então para uma ex-colega de trabalho, éramos amigas, trocávamos muitos favores. Pedi, implorei, para que ela fosse saber o que acontecera com meus filhos.

Esperei ansiosa e, quinze dias depois, recebi a resposta: de fato, a casa em que morava, que era minha, fora vendida e lá moravam outras pessoas. Fernando a vendeu. Pelo vizinho, minha amiga soube que Fernando estava pelo bairro, era um vagabundo. Minhas filhas foram para um abrigo de menores, e ela não conseguiu saber mais nada.

Escrevi agradecendo e pedi, implorei, para ela tentar saber de minhas filhas, procurar Fernando e pedir para ele me escrever. Demorou para eu receber a resposta, mas ela escreveu que sentia muito, mas que não ia procurar pelo Fernando, porque tinha medo, ele pertencia a um grupo de homens perigosos. E que não teve como saber de minhas filhas.

Minha vida no presídio não foi fácil. Ali todas sofriam e tinham suas histórias. No começo, desesperei-me, estava sempre calada, triste, fazia o que me era ordenado. Depois entendi que não era somente eu que sofria, tentei fazer amizades e fiz. Não arrumei confusão, ajudei, aconselhei. Foram anos de solidão, agonia por não saber de meus filhos. Eu não sabia onde eles estavam, mas eles sabiam onde eu estava, não entendia por que eles não me escreviam e não iam me visitar.

Contava os dias, horas, e o tempo passava lentamente. No presídio, escutei muitas histórias que dariam um livro.

Por bom comportamento, redução de pena, depois de doze anos, obtive minha liberdade.

Saí do presídio, ninguém fora me esperar, não tive ninguém para avisar. Ao estar na rua, não sabia para onde ir. Recebi três vales-transportes. Usei um para ir ao centro da cidade; depois, para o bairro em que morara e, de fato, na minha casa residia outra família, tinha também outros vizinhos, mas encontrei duas pessoas que continuaram morando ali. Uma delas me contou que, depois que eu fora condenada, minhas filhas foram para um abrigo, meu filho vendeu a casa e que ele estava no bairro, mas que não passava por ali. Agradeci.

Resolvi procurá-lo. Fernando era conhecido, desde que começara a ter más companhias, por Bocão. Ele tinha a boca grande e bem desenhada.

Era de tarde quando consegui saber onde ele estava. Era num bar que, passando por uma porta, tinha um salão, onde eles se alimentavam. Ao perguntar por ele a uma moça que ali trabalhava, perguntou quem eu era, e disse somente que era Joana. Ela me levou até Fernando. Quando ele me viu, assustou-se, continuou sentado e me recebeu friamente:

— Mamãe! Como saiu? Não era para ficar presa por mais tempo?

— Minha pena foi reduzida — respondi. — O que está fazendo, meu filho? Por que não respondeu minhas cartas? Onde estão suas irmãs?

— Sente-se aqui, mamãe — mostrou uma cadeira à sua frente. — Coma! Parece estar com fome. Vou contar tudo.

Sentei e o observei: estava um pouco mais magro, cabelos cheios, costeletas e cavanhaque; nas têmporas, uns fios de cabelos brancos e continuava muito bonito. Decepcionei-me, esperava ser abraçada. Estava de fato com fome. Comi. Fernando explicou:

— Na escola delas, a assistente social concluiu que minhas irmãs não podiam ficar na nossa casa. Foram levadas para um abrigo. Não as vi mais. O abrigo fica do outro lado da cidade, vou lhe dar o endereço.

— Por que vendeu a casa? Como conseguiu?

SE NÃO FOSSE ASSIM... COMO SERIA?

— Mamãe, por aqui se consegue tudo. Vendi porque não poderia morar sozinho e precisava de dinheiro, falsifiquei documentos. Não é bom você ficar aqui por mais tempo. Tenho negócios. Não posso ter a mãezinha por perto. Vou lhe dar um dinheiro, fique hoje numa pensão e depois se vire.

— Você nem agradeceu o que eu fiz por você — lamentei.

— Mãe é para isso mesmo. Porém fez porque quis. Mamãe, eu era jovem, não sabia o que fazer. Pedi dinheiro para o senhor Afonso, ele negou, quis me bater, ele pegou aquele rolo, tomei dele e o atingi. Você já demorou aqui; de fato tenho algo para fazer. Tome este dinheiro e, por favor, não volte mais. Saia por ali. Não diga a ninguém que é minha mãe. Até logo! Adeus! — colocou na minha mão um maço de notas de dinheiro.

Levantei-me. Segurei-me para não chorar, saí e não olhei para trás. Na rua, guardei o dinheiro no bolso, afastei-me, peguei um ônibus e fui para o centro da cidade. Entrei numa igreja, vazia naquela hora. Orei, contei o dinheiro, não era muito, mas daria para ir a uma pensão. Saí da igreja, peguei outro ônibus e fui ao local onde trabalhara. Encontrei minha amiga, ela estava no horário de sair, nos abraçamos.

— Vou ajudá-la!

Levou-me a um lugar próximo à casa dela, que alugava pequenos cubículos. O local era um galpão, dividido em quartos, havia treze repartições, o proprietário morava num deles; consistia em dois cômodos, um maior e o outro, um banheiro, que tinha vaso sanitário, pia e chuveiro. Estava mobiliado: uma cama de casal, um roupeiro, uma mesa e duas cadeiras. Resolvi ficar ali e paguei um mês adiantado.

— Joana, você ficará aqui, o local é bom, vamos comprar uma roupa de cama e toalhas.

Fomos a uma loja, compramos e depois ela me levou à igreja que ela frequentava, um templo evangélico. Lá, conversou com uma mulher, e ela me levou a uma sala e me deu muitas coisas:

roupas, cobertor, panelas e alimentos. Este templo ficava a dois quarteirões de onde iria morar. Esta amiga pediu para que, no outro dia, eu fosse fazer faxina para ela. Colocou anúncio no quadro do templo que podiam me contratar para fazer faxina.

Voltei para o local onde seria agora o meu lar. Limpei-o bem, arrumei o que comprara e o que ganhara. No outro dia, fui fazer faxina para minha amiga, que me ensinou como deveria fazer. Esforcei-me e tentei fazer bem-feito. Cansei o corpo, mas me alimentei bem e recebi pela faxina.

Outras faxinas surgiram. Conheci os moradores daquele galpão, muitos moravam sozinhos: eram cinco homens, três mulheres e dois casais, um com duas crianças; tinha um vazio. Organizei minhas finanças, separava primeiro o dinheiro para pagar o aluguel, no qual estavam inclusas energia e água; depois comprava alimentos; quando foi possível, comprei colchão e travesseiro.

Na segunda semana que ali estava, de ônibus, fui ao abrigo que Fernando me dera o endereço. Elas não estavam lá, eram adultas. Não quiseram, por mais que implorasse, me dar o endereço delas. Fui embora chateada. Fiz isto por três vezes, em dias diferentes, na esperança de, ao ser atendida por outras pessoas, que me dessem a informação.

Consegui juntar dinheiro, comprei doces, produtos de higiene e fui visitar minhas ex-companheiras no presídio. Fui de ônibus. Senti uma sensação estranha ao entrar no presídio e ser revistada, mas fiquei alegre em revê-las. Conversamos o tempo todo, escutei de uma delas:

— Joana, você deve ir ao abrigo e contar o que se passou com você, chorar, rogar, comovê-las com sua dor de mãe.

Foi o que fiz. Encontrei, pela segunda vez, uma senhora, que me escutou, comoveu-se com minha história e disse que não podia fazer isto, mas que me ajudaria. Procurou nos arquivos, os encontrou e leu para mim: ali estava registrada a data da entrada e o porquê: as duas foram estupradas. Ao escutar isto, senti-me mal, a senhora me socorreu, me deu água e depois café. Peguei as fichas e as li. Estava registrado que a assistente social da escola constatara que minhas filhas foram estupradas e que o juiz determinou que elas fossem levadas para o abrigo e tivessem tratamentos. Mesmo não podendo, Letícia continuou no abrigo depois da idade permitida, esperou a irmã e saíram as duas juntas. Ficaram no lar de uma senhora, que cuidou delas, até que arrumaram emprego e então foram morar juntas. Constava também que a assistente social do abrigo as visitou seis vezes e afirmou que elas estavam bem. Ali estava o endereço do emprego de Letícia. Agradeci muito a senhora e fui embora.

Não estava me sentindo bem, fiquei em casa; no outro dia, fui trabalhar, mas, no seguinte, em que saía mais cedo, fui ao endereço que estava marcado que Letícia trabalhava. Pedi e tive informação: Letícia, que tinha mais um sobrenome, trabalhava ali de segunda a sexta-feira, das oito às dezessete horas, como auxiliar; servia café, cuidava da copa e limpava alguns escritórios. Agradeci e fiquei sentada na mureta, em frente ao prédio, dali via a saída sem ser notada. Às dezessete horas e dez minutos vi minha filha sair conversando com duas colegas. Meu coração disparou, ela estava bem, engordara, mas não estava gorda. Passou por mim.

Estava trêmula, não tive coragem de abordá-la, fui embora. Depois de dois dias, voltei ao prédio e esperei Letícia em frente ao prédio, no horário que ela saía. Desta vez, minha filha saiu sozinha. Chamei por ela. Letícia me olhou, como se não soubesse quem poderia ser. Eu tinha, nestes anos, envelhecido. Depois exclamou baixinho:

— Mãe Joana!

— Sou eu, minha filha — abri os braços, mas ela se esquivou.

— O que quer? — perguntou.

— Conversar com você, por favor, por Deus! — Segurei para não chorar.

Letícia se sentou na mureta, na que eu esperara sentada. Evitou me olhar e repetiu a pergunta:

— O que quer, mamãe?

— Filha, saí da prisão, procurei-as, fiquei sem notícias, queria saber de vocês.

— Já procurou seu filho queridinho? Deixou-nos por ele! Arrependeu-se? Não esperava revê-la e estou confusa. Quando tudo aconteceu, e você foi presa, minha vida e a da Aline virou um inferno. Não calculou isto? Fernando deixou-nos até sem comida. Quando foi condenada, ele nos estuprou. Ele! Seu filhinho querido! Pode calcular o que sofremos? Fernando contou que foi ele quem matou o senhor Afonso. Você escolheu protegê-lo e nos abandonou. Ficamos como órfãs no abrigo. Sobrevivemos com a caridade alheia. Hoje estamos bem, casamos, temos filhos e, para todos, nossas novas famílias, somos órfãs. Não temos mãe. No momento que escolheu nos abandonar, você morreu, está morta. Entendeu? — Letícia chorou.

Não consegui falar nada. Ela se levantou e, andando rápido, foi embora. Fiquei ali sentada por uns quarenta minutos sem conseguir me levantar; escurecia, então peguei o ônibus e voltei para casa. Foi no meu quarto que chorei.

— Meu Deus, o que fiz?! — lamentei.

Estava tendo muitas faxinas, principalmente para pessoas que frequentavam o templo evangélico. Passei a ir aos cultos e a receber o conforto de uma religião. Ia todos os domingos pela manhã na distribuição de alimentos e roupas. Nunca comprei uma roupa, ganhava deles. Gostava muito do domingo, porque conversava com as voluntárias, com aqueles que iam pegar doações; depois limpava o local, contribuía assim com o templo que me ajudava.

Fui por mais três vezes visitar minhas ex-companheiras, aquelas com quem me uni pela amizade na prisão; na última, duas haviam saído e uma desencarnara por doença. Então, não voltei mais.

Esperei dois meses e voltei a procurar Letícia. Desta vez, quando me viu, despediu-se de suas amigas e se aproximou de mim. Sentamo-nos na mureta, roguei:

— Perdão, filha! Às vezes pensamos que estamos fazendo o certo e não estamos.

— Mãe, como falei para todos, a família do meu marido, para ele e a família do esposo de Aline, que nós duas somos órfãs, ninguém sabe que você está viva e que foi condenada como assassina. Por favor, deixe que continue assim. Você já nos fez sofrer muito. Quero marcar um encontro: Aline, você e eu. Pode ser depois de amanhã? Será neste café, às dezessete horas e quinze minutos. É aqui perto.

— Irei, sim — peguei o endereço. Letícia afastou-se rápido sem se despedir.

No dia marcado, tinha faxina, mas cobrei menos e saí mais cedo. Fui ao café e encontrei as duas sentadas. Segurei-me para não chorar, minha vontade era de abraçá-las. Sentei e as olhei.

— Mãe — disse Letícia —, nós duas gostamos de você ter saído da prisão, mas não a queremos por perto e aqui estamos para lhe pedir isto. Temos filhos, não queremos que eles sintam vergonha e sofram com gozações por ter uma avó assassina. Depois, não sabemos de Fernando, não queremos saber, e o que nos preocupa é ele saber de nós. Queremo-lo longe! — Letícia falava com a cabeça baixa.

Eu escutei, mas, por mais que tenha me esforçado, não consegui segurar as lágrimas. Aline me olhava e interrompeu a irmã.

— Mãe, você pediu perdão, espero que esteja arrependida e que não queira nos prejudicar. Vamos conversar com calma.

Esforcei-me muito e consegui dizer:

— De jeito nenhum quero prejudicá-las, entendo suas preocupações e juro que não irei falar a ninguém que são minhas filhas. Falei a todos com quem agora convivo que sou sozinha. Não precisam se preocupar. Procurei-as para saber como estão, por amá-las. Nunca quis prejudicá-las.

— Mãe — Letícia se expressou, sentida —, você sempre preferiu o Fernando, tirava de nós duas para ele. Sabemos o que fez. Fernando acabou contando que foi ele quem matou o senhor Afonso, você o defendeu, não pensou em nós duas, deixou-nos. Sofremos. Fernando deixava-nos até sem comida, pegava todo o dinheiro da pensão. Ele nos estuprou. Não posso falar disto que tenho vontade de chorar. Desconfiaram na escola, Aline e eu não sabíamos o que fazer; a assistente nos fez contar, tirou-nos da casa e nos levou para um abrigo. Embora ali tudo fosse comunitário, ficamos bem. Graças a Deus que não nos separaram. Saímos, fomos ficar com uma senhora muito bondosa, com quem até hoje temos amizade. Ela nos orientou, arrumou empregos, tivemos vida social, namoramos, casamos e temos filhos. Por isto peço-lhe para não estragar, não nos prejudicar novamente.

Aline, talvez por ser a caçula, foi menos agressiva; me olhou, seus olhos estavam com lágrimas.

— Mãe, sofremos. Escrevemos para você, Fernando depois confessou que não colocou as cartas no correio porque você não queria escrever para nós. Sofremos também porque nos sentimos desprezadas, foi pior que se você tivesse morrido. Sentimo-nos abandonadas e preteridas. Eu a perdoo, porém não muda nada, o que sofremos está marcado em nós. Entendeu?

— Sim, entendo... — Não consegui falar mais.

— Bem, já nos viu, sabe de nós, penso que podemos confiar e ficar sossegadas. Vamos, Aline! — levantaram-se e saíram. Pedi um café. Aline deixou um pedaço de bolo, comi, tomei o café para ficar ali mais um pouco e me recompor.

Vou contar o desfecho com minhas filhas. Dois meses depois, fui de novo esperar por Letícia, fiquei sentada somente para revê-la. Ela me viu e se aproximou de mim.

— Oi, tudo bem? Aline quer falar com você. Pode ir amanhã às dezessete horas e quinze minutos, no mesmo lugar? — confirmei com a cabeça.

— Combinado. Tchau!

Fui ao encontro, desta vez as duas estavam mais amigáveis. Conversamos, ou eu as escutei, disseram os nomes dos genros, dos netos, vi fotos deles, eram crianças lindas, mas comentaram de novo o tanto que sofreram e que tinham medo de Fernando. Marcamos novo encontro para um mês depois. Senti que elas queriam ter certeza de que eu não as procuraria em seus lares ou que comentasse que era a mãe delas. Eu não faria isto, não fiz, me amargurava tê-las feito sofrer e por nada as prejudicaria novamente.

Neste encontro, Aline comentou que a mulher que fazia faxina para ela deixara de fazer. Ofereci-me para fazer faxina para ela.

— É o meu trabalho, faço para você; prometo, juro que serei discreta e não cobro.

Aline pensou, me deu o endereço e pediu para chegar às sete horas e quarenta e cinco minutos.

— Meu marido leva as crianças para a creche e as busca às dezessete horas. Terá de fazer a limpeza neste horário.

Fui e tentei fazer de tudo para ela, não peguei o dinheiro que deixou. Depois de ter feito várias faxinas para Aline, ia todas as terças-feiras, num dos encontros, combinamos que, uma vez por mês, nos encontraríamos no café; pedi para fazer para Letícia, que permitiu.

Eu mudei muito: os anos na prisão, o sofrimento, me envelheceram precocemente, estava sempre limpa, mas não me arrumava. Aline me contou que um dia Fernando queimou todas as fotos que estavam na casa. Assim, elas não tinham fotos delas pequenas, nem minha ou do pai.

Minhas filhas moravam em casas próprias, pequenas, simples, mas confortáveis. Percebi que elas estavam bem, combinavam com os maridos, que eram boas pessoas, e os filhos eram lindos e sadios. Não cobrava pelas faxinas que fazia para elas; ia toda semana e deixava, para facilitar, tudo muito limpo, organizado, roupas lavadas e passadas. Costumava almoçar no emprego, as duas também deixavam o almoço para mim. Comecei a comprar coisas para elas: comprei um liquidificador novo para Aline, porque o dela estava ruim; panelas para Letícia, objetos assim. Por vezes deixei dinheiro, lógico que era pouco, para elas.

Uma vez cheguei na casa de Letícia e encontrei o marido dela e os filhos. Como foi bom conhecê-los. Ele me explicou que ele e Letícia tiravam férias separados e faziam isto nas férias das crianças, para elas não ficarem sozinhas; que no mês de julho era ele quem ficava com os filhos; que ele ia muito à casa de seus pais, principalmente nos dias de faxina, para não me atrapalhar, mas, naquele dia, sua mãe tinha um compromisso e não pôde recebê-los. Contei histórias para meus netos, agradei-os; ao servir lanche para eles, peguei o pão para passar a manteiga e, para esparramá-la, virava a faca, e o garotinho observou:

— Mamãe também faz isto com a faca! — parei de virar.

Foi um dia muito agradável. Conheci também os filhos da Aline. As duas pararam de se preocupar comigo. Assim foi por seis anos. Minhas filhas não me hostilizavam mais, tratavam-me com educação, como uma pessoa que trabalhava para elas. Fomos por mais algumas vezes nos encontrar no café e, num destes encontros, Aline quis saber como eu vivi no presídio.

— Com muita saudade e preocupada — respondi.

Assim foi meu contato com elas, nunca as abracei nem aos meus netos.

Fazia faxina todos os dias, folgava somente às quartas-feiras, duas vezes por mês, porque fazia, neste dia, faxinas em quartas alternadas. Trabalhava no sábado pela manhã e, no domingo, meu dia preferido, ia ao templo, chegava cedo, organizava o local; depois umas senhoras chegavam, eram as voluntárias, e logo apareciam as pessoas para receber doações. Após, limpava o local e ia embora. Gostava porque almoçava com eles e conversava muito, distraía-me. Não recebia pagamento por este serviço, mas recebia muito deles, podia pegar roupas para mim e, depois, comprava, no bazar, roupas muito boas para minhas filhas e netos e deixava nas casas delas, que gostavam.

Foi conversando com os necessitados que encontrei, reconheci, uma mulher que morava no meu bairro, ela não se lembrou de mim, e eu não falei quem era. Perguntei dos bandidos, ela me disse que um grupo de bandidos brigara com outro, que morreram alguns e que outros foram presos e que, por isto, o bairro estava mais sossegado. Indaguei quem tinha morrido e quem fora preso. Soube então que Fernando estava preso.

No outro dia, no orelhão, com muitas fichas, liguei para o presídio e me informaram que Fernando estava lá detido, também disseram dias e horários de visitas. Desliguei agradecendo. Resolvi visitar meu filho. Comprei objetos de higiene, balas, chocolates, fiz o doce que ele gostava, tudo que sabia que podia levar. Troquei o dia da faxina e fui de ônibus. Cheguei antes e lá vi muitas mães, esposas, filhos que esperavam também para visitar. Presos recebem muito mais visitas que as presas. Mulheres são mais afetivas, e mães sofrem muito por saber e ver seus filhos presos. Fui revistada como todas e esperei. Ao ver Fernando, tive o ímpeto de correr para abraçá-lo, mas não o fiz porque ele me olhou e comentou:

— Você? Pensei que fosse outra pessoa. Por que veio?

Não respondi, mas falei:

— Trouxe coisas para você. Como está?

— Como estou? Tá brincando comigo? Estou bem, maravilhoso! Claro que não! O que trouxe aí? — abriu a sacola e pegou um chocolate.

— Fernando — disse —, soube o que você fez com suas irmãs. Você prometeu cuidar delas. Passei anos presa em seu lugar. Por que fez isto?

— Se é para dar sermão, pode ir embora. Não gosto de falar do passado. Não pedi para me visitar. Mas, se quiser me trazer algo, que seja drogas para vender aqui. Não sou viciado e não fumo. Traga coisas que podem me ser úteis. Você poderia pagar um advogado para mim. Meu grupo costumava fazer isto, mas tivemos problemas. Pague um para mim, um bom advogado. Tenho o endereço de um.

— Filho, eu não tenho dinheiro.

— O que está fazendo para viver?

— Faxinas — respondi.

— Trabalha então em muitas casas. É fácil! Roube-as, pegue o dinheiro e pague o advogado para me tirar daqui.

— Não posso fazer isto. Não quero roubar. Sou honesta. Se me descobrem, irei presa; não sendo ré primária, voltarei para a penitenciária.

— Na prisão não irá trabalhar e lá tem comida. Faça isto para mim; se não, não precisa me visitar mais. Tchau! — virou as costas e foi para o outro lado segurando a sacola e comendo chocolate.

Fui embora arrasada. Em casa, chorei muito. Não ia fazer o que ele me pediu. Dois meses depois, fui visitá-lo de novo. Ele me recebeu friamente, pegou a sacola e debochou:

— Não fez o que pedi, não é? Que mãe, hein?! Era preferível ser filho de chocadeira! Não falei que se não fizesse o que pedi não precisaria voltar? Ah, é a Nica! Oi, querida! — Fernando abraçou uma mulher, me ignorou, me afastei. A mulher era mais velha que ele, não era bonita. Concluí que era uma pessoa que Fernando enganava. Fui embora e não voltei mais. Porém telefonei e assim obtive informação de que meu filho fora condenado a quinze anos. Minhas filhas nunca perguntaram do irmão, e nem Fernando das irmãs, nas duas vezes que o visitei, não quis saber delas. Também havia decidido que, se ele perguntasse, diria que não as havia encontrado. Elas temiam o irmão e tinham razão.

O dinheiro que recebia pelo meu trabalho pagava o aluguel; comprava poucas coisas para mim, alguns alimentos, itens de higiene, depois remédios; o resto, que não era muito, por não cobrar as faxinas das filhas, comprava coisas para elas.

Ia a consultas médicas no posto de saúde, estava hipertensa e tinha muitas varizes. Pedi para o senhor, dono daqueles pequenos apartamentos, que, se eu não me levantasse cedo, para ver o que tinha acontecido comigo e, se me encontrasse morta, para avisar no templo. Ele pensava, como todos que me conheciam, que eu era sozinha. A amiga, colega com quem por anos trabalhei junto, que me ajudara quando saí da prisão, mudou de cidade e não nos comunicamos mais.

No templo, pedi, e estava sempre os lembrando, que, se eu morresse, era para avisar as pessoas para quem eu fazia faxinas. Assim, pensei, Letícia e Aline saberiam que eu falecera.

Foi num domingo, em que eu estava no templo e as pessoas que receberam as doações estavam saindo e eu ia começar a limpar, que me senti mal, caí, as mulheres me socorreram, fui levada para o hospital, mas já tinha desencarnado. Ao sentir a dor, tive lembranças, imagens rápidas: eu quando pequena, casando, tendo filhos, a morte do meu marido, as preocupações com Fernando, o crime, eu na prisão, com as filhas... A dor foi muito forte, sofri um enfarto fulminante. Adormeci. Acordei num posto de socorro e aceitei contente a minha mudança de plano. Senti que as pessoas do templo me enterraram no cemitério onde eles tinham um túmulo enorme, que era comunitário. Avisaram minhas patroas, pegaram minhas roupas e doaram e entregaram o apartamento. Escutei, senti minhas filhas irem ao cemitério após três dias e levarem flores. Aline, ao depositar as flores, disse:

— Estas flores são para você, mamãe. Ainda bem que, do nosso modo, a aceitamos. Como a perdoamos, ela também nos perdoou!

Letícia suspirou e expressou:

— Não consegui entender mamãe. Agora acabou, que ela fique em paz. Ficamos, minha irmã, sem faxineira.

Resolvi pensar em mim. Adaptei-me e passei logo a fazer trabalhos, agora era mais fácil, porque não sentia dores, me sentia sadia.

Não quis visitá-los. Quero, oro sempre para que minhas filhas estejam bem. O filho está preso, vi por vídeos como um desencarnado vê uma prisão. É bem mais triste. Ali vão ou estão muitos desencarnados: uns para fazer arruaças; outros querendo se vingar; outros que ali desencarnaram julgam-se ainda no corpo físico e continuam presos; e há alguns socorristas, que tudo fazem para ajudar, estes são poucos, faltam trabalhadores do bem em todos os lugares e são minoria aqueles que querem trabalhar nestes locais. Oro também, e muito, para Fernando. Por duas vezes senti que ele se sente sozinho. Ao ser condenado, aquela mulher o abandonou, e às vezes ele pensa em mim e deseja que eu vá visitá-lo e lhe leve mimos. Mas passa logo. Penso que Fernando escolheu a má plantação e com certeza seu aprendizado será pela dor.

Achei interessante a reunião do "se". Vim e me interessei mais ainda, é gratificante escutar relatos. Na prisão e por toda minha vida após a saída e até agora, sinto o "se" me incomodar. Tive um filho problema, mas não deveria ter, por isto, deixado em segundo plano as filhas. Penso que fiz tudo para educar Fernando, não consegui. Não deveria ter tomado seu lugar, assumido a culpa no lugar dele. Se tivesse deixado Fernando ser punido, não deixaria as filhas. Iria com certeza dar um jeito de pagar um advogado para ele. Talvez, se meu filho tivesse sido preso naquela época e tivesse um castigo, quem sabe teria se tornado uma pessoa melhor? O que fiz por ele não o fez diferente, penso que piorou e não reconheceu, não foi grato. Pior: agiu com maldade com as irmãs. Aí é que meu "se" é doloroso. O que eu fiz a elas? Meu Deus! Deixei-as, e elas sofreram.

Como pensei e repensei: "se" eu não tivesse feito aquilo, teria ficado com as filhas, estaria sempre com elas, participado de suas vidas, convivido com os meus netos. Será que teria sido assim? Poderia, mas não foi. Uma coisa é certa: se voltasse no tempo, não faria o que fiz. Causei muito sofrimento às minhas filhas.

Joana

— Joana, você se encontrou com o seu esposo? — eu, Antônio Carlos, quis saber.

— Ele reencarnou longe de nós. Este, eu visitei, é um homem bonito e está bem.

— Quais são seus planos para o futuro?

— Quero reencarnar, Antônio Carlos. Pedi e aguardo permissão para voltar ao Plano Físico. O orientador afirmou que irei reencarnar numa família estruturada e longe da que tive ou tenho. Esquecer, para mim, será uma grande graça.

— Quer acrescentar mais alguma coisa ao seu relato?

— Sim. Uma tarde, quando voltava de ônibus de uma faxina e como sempre estava cansada, ao sentar, vi um papel no banco, peguei e li. Era a oração "Prece dos aflitos", de Abigail, do livro *Paulo e Estevão*, de Emmanuel. Achei-a linda, me confortou. Aqui, no Plano Espiritual, fui à biblioteca e peguei este livro para ler, gostei demais e li outros livros de Emmanuel, chorei muito quando li *Renúncia*, ambos psicografados por Francisco Cândido Xavier. Naquela tarde, no ônibus, peguei o papel, levei-o para casa, li muitas vezes e decorei. Posso ditar à médium?

— Sim, fique à vontade — concordei.

— "Prece dos Aflitos", de Abigail: "Senhor Deus, pai dos que choram, dos tristes, dos oprimidos, fortaleza dos vencidos, consolo de toda a dor. Embora a miséria amarga dos prantos de nosso erro deste mundo de desterro, clamamos por vosso amor, nas aflições do caminho, na noite tormentosa, vossa fonte generosa é o bem que não secará. Sois, em tudo, a luz eterna da alegria e da bonança, nossa porta de esperança que nunca se fechará".

Agradeci-a, e Joana também nos agradeceu.

Explicação do Antônio Carlos:

Um fato que estou sempre presenciando é, infelizmente, pai, mãe ou ambos dando mais atenção para um dos filhos. Às vezes é porque este requer mais cuidados, seja porque é doente, deficiente ou, como Fernando, o filho de Joana, problemático. Gostaria de alertar para que também prestem atenção nos outros filhos, para que eles não se sintam preteridos.

Sei de muitos fatos em que pessoas se sacrificam por outras. Como: ficou com fome para o outro se alimentar, frio para alguém se agasalhar etc. Muitos escravos receberam castigos no lugar de filhos ou filhos no lugar dos pais. Nas prisões, algumas detentas ali estão por fazer atos indevidos para filhos ou maridos. Na maioria não são faltas graves.

Fernando é uma pessoa que está ainda fazendo maldades. Nenhuma pessoa é má somente para si. O ser mau faz mal a muitos, principalmente a pessoas que estão com ele. Como também ninguém é bom isoladamente. Quando se é bom, faz-se bem a muitos, principalmente para quem está perto.

Joana quis que o filho se tornasse uma pessoa boa. Todos os bons pais querem isto para seus rebentos. Porém ninguém pode me fazer ser uma boa pessoa, como eu também não posso fazer ninguém ser bom. Podemos aconselhar, orientar, mas, pelo livre-arbítrio, temos escolha para ser o que queremos. Como não podemos anular ações de outras pessoas, ninguém pode anular as nossas, sejam estas boas ou não.

Nas leis Divinas não há favoritismo. Joana pensou que, se fosse presa no lugar de seu filho, ele se tornaria uma pessoa decente, grata pelo seu sacrifício; poderia ter dado certo, mas não deu. Ela pôde pagar, no Plano Físico, um crime por ele, mas isto não ocorre no Plano Espiritual, porque: se alguém pudesse sofrer uma reação de um erro por mim ou pelo outro e Deus aceitasse essa substituição, estaria contra Sua própria lei. Assim, ninguém pode modificar o meu egoísmo, amar por mim, ser bom no meu lugar e nem eu posso fazer isso pelo outro, por mais que eu o ame. Somos nós mesmos que temos de desfazer o que fizemos ou deixamos de fazer.

Tenho também visto pessoas que querem sofrer pelo outro. Já escutei muito, principalmente de pais: "Por que não sou eu a ficar doente?"; "Por que não fui eu a morrer?". A resposta é simples: temos, cada um de nós, a reação de que precisamos.

Todos os presentes na reunião se emocionaram ao escutar Joana e também o fizemos quando ela veio ditar para a médium.

CAPÍTULO 4

O "SE" DE PAULO

Estive encarnado por sessenta e seis anos. Desencarnei e fui socorrido por causa de um trabalho voluntário que fiz num asilo em que estive na direção por trinta e quatro anos. Não fiz nenhuma maldade, a não ser, penso, a mim mesmo.

Eu, Paulo, dei meu depoimento, depois o escrevi e recebi a opinião do organizador da reunião, para depois vir ditar à médium.

Nasci numa família estruturada, meus pais tiveram oito filhos, eu fui o terceiro. Na adolescência, tinha um amigo, e foi por esta amizade que conheci uma garota, eu tinha quinze anos, e ela, doze anos. Foi uma sensação estranha ao vê-la. Meu coração bateu forte, e não consegui entender o que senti. Penso que foi uma mistura de antipatia com amor. Foi depois deste dia que passei a fazer de tudo para vê-la e fazer parecer que era ela a querer me ver. Mas isto também ocorria, Miriam me olhava como se me adorasse. Um dia fui à casa dele, atrás do meu amigo, ele não estava, e fiz a minha primeira ofensa.

— Por que me olha, pirralha? Você não me interessa. Não deveria dar uma de mulher fatal, é feia e fedida!

Os lábios dela tremeram, abaixou os olhos e não conseguiu falar; virei e saí. O que fiz me deu alegria, prazer. Como se fosse algo que deveria ter feito.

Eu não era assim, era educado, tinha muitos amigos, era um jovem que convivia bem com todos.

Miriam não desistiu, dias depois estava ela me olhando com seu olhar amoroso. Frequentávamos o mesmo clube, onde íamos jogar, conversar, e que estava sempre tendo bailes, danças, à tarde, aos sábados, domingos e mais nas férias escolares. Eu ia, e lá estava ela.

Foram muitas as ofensas em que eu fazia questão de dizer a ela que parasse de ficar atrás de mim e que ela era feia e fedida.

Ao fazer isto, sentia prazer e queria fazer de novo.

Eu a ofendia perto de outras pessoas, porém era mais discreto. O irmão dela, meu amigo, queixava-se das irmãs, mas "ai" de quem falasse mal delas. Ele começou a namorar firme e se distanciou dos amigos, de mim.

Assim passaram-se quatro anos. Miriam não namorava; tinha pretendentes, mas continuava, porém mais discreta, tentando estar onde eu estava e a me olhar. Tive namoricos, mas não me interessei por ninguém. Eu não me entendia; queria vê-la, mas, se a visse, a esnobava; queria estar com ela, mas, se ficasse perto dela, a ofendia.

Uma vez disse a ela que era tão feia que ninguém queria namorá-la.

Então ela namorou, e o namorado era um moço muito cobiçado pelas garotas. Não levava ninguém a sério. Senti-me incomodado, mas neguei que fosse ciúmes. Procurei o irmão dela, tentei preocupá-lo quanto ao namoro da irmã, e ele me respondeu:

— Miriam sabe o que faz. Agradeço por me avisar. Claro que sei disto, porém, meu caro, Miriam é inteligente, e todo conquistador tem seu dia de conquistado.

Disfarcei, mas fiquei furioso. Miriam passou a me evitar. O namorado parecia levá-la a sério. Aborreci-me. Estava difícil encontrá-la e, quando tive oportunidade, a ofendi, mas desta vez ela revidou:

— Paulo, vá ser grosseiro com outra pessoa! Feio e fedido é você! Mal-educado! Não percebeu que tenho feito de tudo para não vê-lo? — afastou-se rapidamente.

O fato é que o conquistador foi conquistado e se tornou um namorado exemplar. Ficaram noivos, casaram-se e, para o meu desespero, não tive mais ocasião de ofendê-la.

Eu me formei, fui trabalhar numa loja de ferragens e a acabei comprando. Financeiramente, estava estabelecido. Namorei várias garotas, firmei com uma e me casei. Não a amava, pensava que não conseguia amar ninguém. Porém continuei interessado por Miriam, dava um jeito de saber tudo o que ela fazia. O marido dela era de classe média alta, tinha uma pequena indústria, que dava bom lucro; moravam numa casa grande, bonita e tiveram três filhos, um menino e duas meninas. Aí a índole de conquistador voltou, e ele passou a traí-la. Miriam se separou dele; por alguns meses ele ficou com a outra, depois afastou-se desta moça e fez de tudo para voltar com Miriam, que o aceitou de volta. Três anos depois, ele ficou doente, e ela cuidou dele e da indústria. Depois de dois anos enfermo, ele desencarnou.

Não estranhem eu contar mais sobre ela do que falar o que aconteceu comigo. Era assim que sentia, sabia tudo o que se passava com Miriam, interessava-me mais por ela do que com o que ocorria comigo.

Minha vida neste período foi assim: trabalhava muito, casei-me sem amor, e tivemos dois filhos, um casal. Era apático no relacionamento, gostava das crianças, mas preferia trabalhar do que estar com elas. Tornei-me, com os anos, indiferente com a esposa, que quis a separação. Senti imenso alívio ao me separar. Após a separação, acabei ficando mais com os filhos, pegava-os na sexta-feira à tarde e os levava de volta no domingo à noite. No período que estava com eles, levava-os para passear, ajudava-os nos estudos, e nos tornamos amigos, tivemos um bom relacionamento de pai e filhos.

Quando Miriam ficou viúva, teve de trabalhar muito, saía pouco e, quando o fazia, era com os filhos.

Eu saía durante a semana, não arrumei nenhuma namorada; saía com mulheres, mas não queria compromisso com ninguém.

Uma tia, irmã de minha avó, que era solteira, foi para um asilo; senti dó, ela sempre ajudara todos da família e, quando veio a precisar de ajuda, ninguém quis ficar com ela. Fui visitá-la e percebi que ali não estava sendo bem administrado; comecei a fazer pequenos consertos, a dar palpites e fui para a diretoria. Passei a tomar conta do asilo. Cuidei de tudo e todos muito bem, melhorei a vida dos abrigados, nada mais faltou a eles, aos idosos da casa.

Minha esposa tentou reatar nosso casamento, e eu não quis, mas porque, com Miriam viúva, voltei a fazer de tudo para me encontrar com ela, que voltou a me olhar. Encontramo-nos numa festa beneficente do asilo, cumprimentamo-nos, fiz de tudo para ficar sozinho com ela e a ofendi. Ela não respondeu e se afastou.

Fiquei sabendo que um homem, também viúvo, cliente da indústria dela, estava vindo muito à cidade e a estava ajudando em vários assuntos no trabalho. Comentavam que ele estava interessado nela. Senti raiva e vontade de ofendê-la. Tive ocasião. Numa feira de negócios, a encontrei, aproximei-me, cumprimentei-a e a ofendi. Disse:

— É muito assanhada para uma viúva! Dê-se o valor, você não presta!

Ela me olhou e respondeu calmamente:

— O que você tem com isto? Se presto ou não, é problema meu. Estúpido!

Afastou-se e foi olhar uma máquina. Fiquei por perto e comentei alto para ela escutar, estava com três conhecidos:

— Nada é mais desagradável do que uma viúva assanhada! Uma mulher feia dando uma de fatal! Que desagradável é uma mulher que insiste com gente que não quer nada com ela! — Não falei mais porque Miriam se afastou, fingiu que não escutou. Senti prazer em ofendê-la.

Não a vi mais, soube que passou a se relacionar com o cliente, o viúvo que a estava auxiliando. Ficaram juntos. Os filhos dela tornaram-se adultos, e o filho foi trabalhar com ela, as filhas se formaram. Os dois, Miriam e este homem, pareciam conviver bem. Eram um casal discreto, saíam pouco; ela ia com ele à cidade em que ele residia, e este homem ficava na casa dela. Parecia que eles, todos, conviviam bem, os filhos dele e os dela.

Eu continuei com meu trabalho; meu filho passou a me ajudar trabalhando comigo, minha filha se formou, se casou; minha ex-esposa, depois de tentar várias vezes reatar nosso casamento, arrumou outra pessoa. Não tive relacionamento sério, tive somente namoricos. Continuei a saber o que Miriam fazia. Administrava, e muito bem, o asilo. Uma senhora fora morar no nosso abrigo e ela comentava muito sobre o espiritismo, sobre a reencarnação. No começo, não prestei atenção, mas depois entendi a coerência do assunto, passei a conversar com ela, e a reencarnação me interessou. Concluí que somente a reencarnação me faria compreender o meu sentimento por Miriam. Passei a ler, procurei saber e descobri que um médico, numa cidade próxima, grande, fazia regressões. Marquei uma consulta. Um tanto encabulado, contei ao profissional que, por anos, prestei mais atenção na vida de outra pessoa do que na minha e que sentia prazer em ofendê-la. Conversamos por uma hora, ou eu falei. O médico me convidou para uma palestra no sábado, e o encontro duraria oito horas: não haveria somente palestras, mas também explicações sobre reencarnação e sobre o que era uma regressão. Matriculei-me e esperei ansioso.

No encontro, muito interessante, foi abordada a reencarnação: por que acreditar, como lidar e aproveitar a oportunidade de estar vestindo um corpo físico. Depois o porquê de fazer a regressão. Aconselharam a fazê-lo se tivesse uma dificuldade, se desconhecesse o motivo e se este ato ajudaria a viver melhor no presente. Alguns dos presentes queriam recordar fatos somente desta encarnação, da infância, algo que preferiram esquecer, mas que os incomodava e até como estavam quando fetos. Poucos, depois do que escutaram, quiseram saber o que acontecera em suas outras encarnações, desistiram. Eu não. Marquei um horário.

Fui ansioso para o consultório deste médico. Deitado num confortável divã, ele me ajudou e lembrei que estivera com Miriam na minha encarnação anterior. Recordei-me que, quando a conhecera, apaixonei-me, quis namorá-la. Ela, como eu, tinha outro nome. Fora ela, antes de conhecê-la, noiva, e ele desencarnara num acidente. Sincera, me contou que havia tido relações sexuais com o noivo. Virgindade, naquela época, era algo muito sério. Nada respondi, pensei muito e entendi que a amava. Pedi-a em casamento e nos casamos. Duvidei dela, pensava que ela não tinha sido honesta e pensava que poderia ser leviana e me trair. No começo, tentei me controlar, tivemos dois filhos, e um dia ela fugiu com meus dois filhos, tudo indicava que fora com outra pessoa. Sofri muito, a amava e a odiava. Fugiram para longe e não fiquei sabendo para onde. Não a vi mais. Tornei-me amargurado, fingi que não ligara, tive outras mulheres. Uma delas ficou grávida e foi morar comigo. Gostava dos meus três filhos e tratava bem essa mulher que ficara comigo, nunca bati nela, mas ela me era indiferente, amava ainda, e sempre amara, a ex-esposa. Fui trabalhador, ajudei muitas pessoas e desencarnei com este sentimento que me fizera sofrer encarnado e que continuei sentindo no Plano Espiritual, a amava e a odiava.

A regressão terminou. Senti-me bem, agradeci o médico e voltei para casa. Pensei muito no que recordara. Entendi então a minha atitude de querer ofender Miriam. Reencarnei e continuei a sentir estes sentimentos, amava Miriam e tinha de alguma maneira de fazê-la sofrer como eu sofri. Resolvi contar para ela. Explicar, talvez ainda pudéssemos ficar juntos. Como sabia tudo dela, soube que estava sozinha em sua casa porque o viúvo havia viajado.

Fui com muita esperança. A empregada me atendeu, pedi para falar com Miriam e, depois de dizer quem era, aguardei. Miriam me recebeu na sala, convidou-me a sentar no sofá e se sentou em outro à minha frente; me olhou, parecia não entender o porquê da visita. Aguardou. Resolvi falar. Contei tudo, da senhora do asilo, da reencarnação, da consulta do médico, das oito horas de explicações e de minha regressão. Acabei, e Miriam continuou calada.

— Você acredita em reencarnação? — perguntei.

— Não me aprofundei no assunto — ela respondeu. — Para mim, bastam os problemas desta vida. Valdir — o nome do viúvo — acredita. Não estou entendendo o porquê de você estar aqui e me contar isto.

— É porque eu a ofendi tantas vezes e agora sei o motivo.

— E que me importa isto?

— Você me traiu, abandonou e levou meus filhos — defendi-me.

— Não perdoou?

— Penso que não — confessei.

— Não perdoou, então o problema é seu. Se isto de fato ocorreu no passado, nesta vida, nesta encarnação, tentei me desculpar. Embora sendo ofendida por você, continuei tentando me reconciliar. Sabia, quando namorei o meu primeiro marido, que ele era conquistador, e sabe por que fiquei com ele? Casei? Porque você me empurrou. Ao ser ofendida que ninguém queria me namorar, escolhi a pessoa que era mais cobiçada. Sabe por que estou com Valdir? Porque depois que me ofendeu como viúva, resolvi não ser mais. Estou pensando, se tivéssemos ficado juntos, seríamos felizes? Não, com certeza não. Você iria sempre tentar me ofender, e eu iria acabar me cansando. Por isso que digo: não perdoou, o problema é seu. Se eu quis me redimir, pincipalmente na adolescência, quando o conheci e queria fazer tudo por você, me rejeitou, foi você que não quis uma reconciliação. Paulo, você me tratou ofensivamente no presente. Será que não fez isto no passado até que eu cansei e me mandei? Com certeza. Você se lembrou do que eu fiz e, se eu recordar, será que lembrarei o que você deve ter feito? Se veio aqui para me contar isto, já o fez; agora, por favor, vá embora que tenho muito o que fazer. Ah! Uma coisa nisto tudo foi boa para mim. No meu primeiro casamento, fui feliz até ser traída, mas aprendi muito perdoando, e, depois, cuidando dele na doença, cresci tendo de administrar tudo. Mas o empurrão que me deu para o segundo envolvimento foi gratificante. Valdir estava me cortejando, me sentia indecisa, aí você me ofendeu... Amo Valdir, e sou amada, nosso relacionamento é maravilhoso.

Levantou e abriu a porta:

— Boa tarde!

Fiquei por uns dez segundos sem saber o que fazer, depois saí com a certeza de que eu a amava.

Fui para casa arrasado; pensara que, ao falar para ela o que acontecera, que Miriam iria me querer, se separaria do viúvo e ficaria comigo. Refleti muito e entendi que havia perdido a oportunidade. Conhecia-a bem, e ela falara a verdade, amava Valdir. Embora estivesse aliviado por compreender minhas atitudes, amava-a e sentia mágoa, sofri.

Tentei me dedicar mais ao asilo e ao trabalho. Anos se passaram e tentei, me esforcei para não vê-la e nem saber dela.

Desencarnei por um enfarto quando estava na minha loja trabalhando. Fui socorrido assim que meu corpo físico parou suas funções. Fui levado para um posto de socorro e logo me adaptei. Alguns ex-abrigados do asilo fizeram questão de me ajudar, cuidar de mim como eu cuidara deles. Como o bem que fazemos tem retorno! Cuidei e fui cuidado! Ajudei e recebi ajuda!

Adaptado, pedi para recordar da minha outra encarnação, a anterior; com permissão, fui auxiliado e completei a recordação. Amei demais Miriam, mas tinha ciúmes, pensava que ela ainda amava o antigo noivo, passei a infernizar a vida dela, não deixava nem que ela abrisse as janelas da frente da casa ou saísse sozinha. Um dia, ao chegar e ver a janela aberta, fiquei raivoso, bati nela e aí passei a surrá-la. Às vezes falava:

— Ou apanha você ou o filho! — ela se deitava na cama e virava de bruços para levar as cintadas. E um dia ela foi embora.

Miriam desencarnou três anos depois de mim, e Valdir, após cinco meses. Os dois foram socorridos, mereceram e foram abrigados numa colônia. Pedi para conversar com ela, que veio sozinha ao posto de socorro em que sou morador, e conversamos. Miriam contou que também se recordara do passado, de sua reencarnação anterior. Disse:

— Vim conversar com você para que acabe, se ainda houver, alguma mágoa. Paulo, amei de fato, e muito, o meu noivo. Não quis enganá-lo, contei sobre o relacionamento que tivera com ele. Você aceitou e fui grata, prometi ser boa esposa, gostava de você e pensei que iria amá-lo. Porém sofri com seus ciúmes e, depois, com a violência das surras. De fato, não saía do nosso lar. No fundo de nossa casa, havia uma outra, onde residia um casal de idosos, e eles receberam a visita de um sobrinho, que se indignou ao escutar as surras que eu levava. Começamos a conversar, e ele se apaixonou por mim. Eu vi uma oportunidade de me livrar daquela vida difícil. Planejamos fugir, iríamos para longe, e ele prometeu amar meus filhos e nunca me bater. Com tudo planejado, assim que você saiu para o trabalho, acabei de arrumar tudo o que queria, e fugimos. Ele parou com uma carroça em frente à casa, entrei nela com as crianças, ficamos debaixo de uma lona e partimos. Viajamos por dias na carroça, depois de barco, e fixamos moradia numa cidade no litoral. De fato, ele era carinhoso, trabalhador, me tratava bem e também os meus filhos. Oito meses depois, nosso filho mais velho adoeceu, o levamos ao médico, demos remédios, mas ele desencarnou. O segundo filho, que era muito pequeno, pensava que ele era o pai. Tive mais quatro filhos. Vivemos relativamente bem. Porém sempre pensava em você, me questionando se agira certo, se não deveria ter conversado com você e tentado nos entender. Não amei este homem, mas fui grata. Separamo-nos com a desencarnação. Paulo, sinto muito pelo que aconteceu. Se quis ser perdoada, você não perdoou, como eu o desculpei pelos maus-tratos que sofri. Recordando, vi que Valdir fora este meu noivo, foi um reencontro. Nós nos amamos, estamos juntos no Plano Espiritual e planejamos voltar a reencarnar e nos unir novamente. Tudo bem, Paulo? Você não está magoado, não é?

— Não, Miriam, não estou e quero que me perdoe pelo que lhe fiz na outra encarnação e nesta – estava sendo sincero.

— Claro!

Abraçamo-nos e nos despedimos.

Ela voltou para a Colônia, onde está com Valdir, e eu continuei no posto de socorro, onde moro e trabalho.

O "se" que sinto é por não ter sido compreensivo. Primeiro, "se" a amava, deveria ter feito de tudo para ser amado. E não tê-la tratado como fiz. Ela teve razão quando disse naquele encontro, quando estávamos encarnados, que eu devia ter feito algo de ruim para ela ter me abandonado. Segundo, deveria tê-la perdoado, assim como eu necessitava de perdão. Reencarnei sentindo mágoa, então bastou me encontrar com ela para sentir que tinha de revidar, e encontrei uma maneira: ofendê-la. Estou fazendo um tratamento para aprender a amar e perdoar.

Este é o meu relato.

Paulo

— Por favor, você poderia responder algumas perguntas? — pedi.

Com a afirmativa dele, eu as escrevi, e Paulo ditou à médium as respostas.

— Você notou que guardou para si o que recebeu e não o que fez?

— Sim, compreendi isso aqui no Plano Espiritual. Fiz isso. Magoei-me por ter sido abandonado e porque ela fora embora e levara meus filhos. Foquei no que me fizeram, esqueci o que eu fizera.

— Miriam o perdoou pelos maus-tratos e quis se reconciliar. Como vê a atitude dela? – quis saber.

— Miriam compreendeu a situação melhor que eu. Ela não me enganou, contou do relacionamento com o noivo. Fingi aceitar, mas não o fiz. Achava que, por tê-la aceitado, ela me devia, tinha de ser subordinada. Descontava nela a minha frustração de não me sentir amado. Mandava e tinha de ser obedecido. Esqueci o que fizera. Penso que ela não, lembrou o que fizera e o que recebera. Quando ela desencarnou e sentiu o meu rancor, quis se reconciliar. Reencarnamos, e ela tentou, porém não estava disposta a ser tão humilhada e desistiu. Miriam está certa. Quando tentamos nos reconciliar e não conseguimos, devemos sentir que fizemos nossa parte. Tenho pensado muito: se eu não tivesse agido assim, como teria sido minha vida? Encarnado, quando contei para Miriam a minha regressão, passei a imaginar como teria sido minha vida se tivesse agido diferente. Na anterior, podia ter sido bom marido e vivido junto, porque foi pelas surras que ela fugiu com aquele homem que prestou atenção nela. Nesta última, poderíamos ter namorado, casado e ter, pelo menos eu, sido feliz. São imaginações, não foi assim...

— Qual é o seu projeto para o futuro?

— Aprender, estou determinado a amar e perdoar, focando em que necessito sempre lembrar de meus atos. Estou concluindo um trabalho para, depois, começar a ser útil no asilo, o que cuidei encarnado. Com certeza aprenderei muito servindo lá como desencarnado.

— E Miriam? Está nos seus planos? — foi a última pergunta.

— Não. Miriam e Valdir se reencontraram, com certeza se amam. Quero ser amigo dos dois.

— Agradeço por ter aceitado meu convite.

— Eu que o agradeço, como também à médium.

Explicações do Antônio Carlos:

Infelizmente tenho visto muito isto acontecer: lembrar-nos do que nos prejudicou, nos fizeram sofrer, e nos esquecer do que fizemos. Isto não ocorre somente em relação a encarnações passadas, mas na atual mesmo. Meditei sobre minha vida e compreendi que já fiz isto, e infelizmente muitas vezes.

Numa discussão, qualquer uma, seja entre casal, amigos, colegas de trabalho etc., queixam-se: "essa pessoa me falou isso, aquilo, me ofendeu". E, se perguntarem o que fizeram, se ficaram quietas, são poucas as que afirmam que sim. Outras logo completam: "Não, ele ouviu poucas e boas, eu falei isso e aquilo etc.", mas magoam-se com o que ouviram. Assim são também com os atos. Paulo pensou que, por ter aceitado por esposa aquela que veio a ser Miriam, lhe havia feito um imenso favor e que ela teria de suportar tudo. Ciumento, fez regras que ela tinha de obedecer. Muitas pessoas agem assim: o outro tem de amá-lo e não ele que tem que conquistar o amor. É um erro ocasionando outro. Se Paulo tivesse depois perdoado, teria novamente a encontrado e ficado com ela. A mágoa foi maior que o amor, porém ele a amou, tanto que passou a vigiá-la, sabia de tudo o que acontecia com ela. "Se" não fosse sua mágoa infundada, teria sido mais feliz. Porém é muito incerto pensar o que teria acontecido se não tivesse sido assim... Como seria? Indagação difícil de responder.

Espero que, de fato, ele não sofra mais por ela e que a queira como uma amiga, irmã, porque Miriam reencontrou seu antigo amor, são dois afins e com certeza estarão juntos.

"Se" ele não tivesse alimentado a mágoa...

"Se" tivesse compreendido que também errou...

CAPÍTULO 5

O "SE" DE NEUSELY

Vim ditar para a médium entusiasmada para conhecer este trabalho. Claro que, encarnada, ouvira falar, comentar, principalmente de Chico Xavier. Com certeza, achei muito interessante.

Chamo-me Neusely, fui à reunião e quis contar minha história do porquê do "se" me incomodar. Depois de falar, sou um tanto dramática, aguardei o convite para ditar aos encarnados.

O organizador, Antônio Carlos, me fez meditar ao indagar: "O que você irá escrever pode ser útil para alguém?". Com sinceridade, penso que sim. Quando encarnada, se eu lesse algo parecido, não me faria mudar de opinião. Mas pode ser que outra pessoa mais sensata venha compreender e mude sua maneira de agir para melhor.

Reencarnei numa família pouco estruturada e quis, na adolescência, me separar, me livrar dela. Somente iria conseguir se casasse. Não queria ninguém pobre, mas casar com rico era difícil. Era bonita, alta, magra e tive oportunidade de conquistar uma pessoa melhor financeiramente do que nós.

Nem tudo é perfeito, essa pessoa tinha o gênio difícil; por mais que eu quisesse casar, às vezes não suportava as implicâncias e brigávamos, separamo-nos muitas vezes, mas acabamos casando.

Tivemos dois filhos sadios e bonitos. Passei a viver melhor financeiramente, embora tenha trabalhado, e muito, mas em casa.

Separei-me de fato de minha família. Dava desculpas de que eles não gostavam de mim. Meu pai desencarnou, minha mãe foi morar com uma das minhas irmãs e se tornou a empregada dela, fazia de tudo para esta filha. Quando idosa, minha irmã não a quis, nem eu; dei a desculpa de que era por causa do meu marido, ele de fato não a queria conosco. Nós a colocamos num asilo. Quando ela desencarnou, foi um alívio para nós; aí separei-me mesmo de minha família, de forma que nem notícias deles tive mais.

Meu marido e eu sempre brigamos, não nos tolerávamos. Tornei-me uma pessoa doente, sempre com dores. Um dos meus filhos tinha mais paciência comigo, o outro não; se me queixava de algo para ele ou se me escutava reclamando, me criticava. Por vezes me disse: "Mãe, pare com isso! Como é desagradável escutá-la. Não acredito em suas dores". Ou: "Colocou sua mãe no asilo, prepare-se para ir para um". Doía escutar isso, mas dava a desculpa a mim mesma de que era diferente, que eu era eu, minha mãe fora outra pessoa.

O fato era que estava sempre doente. Embora meu esposo fosse sete anos mais velho que eu, desencarnei primeiro. Destas doenças, uma complicou. Mesmo eu falando que não estava bem, eles, a família, não acreditaram. Não estava sempre me queixando? Quando gritei que estava morrendo, o esposo, mesmo sem acreditar, me levou ao pronto-socorro, fui atendida e constataram que estava mesmo passando mal, fiquei internada, houve complicações e desencarnei.

Agora vem o "se" pelo qual chorei muito. É o que lamento. Desde pequena, ouvia barulhos que ninguém ouvia, via vultos, sentia arrepios, a sensação de ter alguém perto de mim. Minha mãe me levava para benzer e melhorava, mas logo depois voltava a sentir.

Quando me casei, separei-me da família, não fui mais com minha mãe à casa desta senhora que benzia. Mesmo sabendo que essa senhora me ajudava e mamãe fazendo questão de me dizer isso e que tinha de ser grata, não gostava dela pelo simples fato de ter ela muitas vezes me aconselhado que deveria aprender a benzer para ajudar outras pessoas. Duas coisas tinha a certeza de não querer: aprender e ajudar. "Imagine", pensava, "eu como benzedeira?". Um dia esta senhora me disse que não precisava ser benzedeira, mas trabalhar com o dom que tinha com outras pessoas que faziam o bem.

Nem prestei atenção, não queria nada disto para mim. Não contei o que sentia para ele nem como namorado ou noivo, somente o fiz depois de casada.

Tive o primeiro filho e nos mudamos de casa. Foi um transtorno. Passei a ouvir mais barulho que de costume, sentir alguém perto de mim. Foi então que tive de contar ao meu marido, que não acreditou e falou que eu inventava aquilo para chamar a atenção. Fui procurar a benzedeira, mas ela se mudara de casa e não a encontrei mais. Meu esposo me levou ao médico, ele me diagnosticou com estafa, depressão e receitou remédios para dormir e calmantes. Nada adiantou, piorei e comecei a surtar, falava sem parar. A família do meu marido era unida, pessoas boas, ele tinha duas irmãs, que foram me ajudar: uma ficou com meu filho e a outra ia fazer o serviço de casa. Passei a chorar, não queria me alimentar, e o médico me internou no sanatório. Nem lembro direito o que aconteceu comigo no hospital, dormia muito. Aconselhado, meu esposo, que estava apavorado, pensando ter se casado com uma louca, mudou de casa, e as irmãs dele o ajudaram. Melhorei e quis sair do sanatório. Um dos médicos conversou muito comigo, um psiquiatra, ele me aconselhou que deveria ser mais religiosa, orar mais, procurar um local onde pudesse entender o dom que tinha de ver fenômenos. Ele, penso, não podia falar em religião. Deram-me alta depois de noventa e oito dias internada, e o médico prescreveu muitas medicações. Senti muito medo de voltar e ter outra crise, de estar de fato doente.

Na nova casa me senti melhor. Agora entendo que muitos espíritos estavam na outra casa. Diminuí a medicação por conta própria por ela me deixar dopada.

Não era religiosa, dizia ser de uma determinada religião, mas não era de frequentar. Isto também acontecia com meu esposo e com a família dele. Minhas cunhadas passaram a ir comigo à igreja e orava mais. Foi de fato um período difícil. O padre da igreja que ia conversava muito com as pessoas, escutava problemas e aconselhava. Contei o meu para ele e me assustei com seu conselho:

— A senhora é sensitiva. Precisa prestar atenção na sua sensibilidade. Infelizmente, nossa igreja não tem, ou eu não tenho, como ajudá-la. Por que a senhora não procura o espiritismo?

— Mas os espíritas mexem com o capeta!

— Filha, Deus é Criador de tudo e todos. Se existirem espíritos maus, quem foi que os criou? Deus! Penso que os espíritas não mexem com o demônio, mas com espíritos como aqueles que estavam nesta casa que morava. "Mexer" deve ser um termo equivocado, penso que eles os veem como filhos perdidos de Deus e os ajudam.

Não quis escutar mais, fui embora, passei a ir em outra igreja e não quis, nesta, conversar com mais ninguém; fui dando desculpas para não ir mais com tanta frequência, ora era uma coisa, ora era outra... Sentindo-me bem, fiquei grávida novamente e tive outro filho.

Encontrei outra benzedeira, dava a desculpa de que levava os filhos e pedia para me benzer. Essa senhora, muito boa, não se recusava a benzer e a qualquer hora, me aconselhava muito, explicava que eu era médium e que deveria aprender e trabalhar com minha mediunidade. Dizia que não ia porque era difícil, que não tinha com quem deixar os filhos etc. Mas tinha a certeza de que não iria fazer nada daquilo que me aconselhava.

As crianças cresceram, e eu, sempre nervosa e doente, vendo e ouvindo desencarnados e sentindo muito medo. Algo que sempre me acompanhou foi a insônia, como era difícil eu dormir.

Uma das minhas cunhadas me aconselhou. "Se" eu a tivesse escutado...

— Neusely, quando não sabemos como lidar com certas situações, é bom nos aconselharmos com aqueles que sabem.

— Psicólogos? Psiquiatras? Estou cansada deles, não me ajudaram — rebati.

— Estive pensando — continuou ela, tentando me ajudar —, para acabar com nossos problemas, devemos não alimentá-los. Nós os alimentamos com autopiedade, orgulho, dizendo que não precisamos de ajuda, com a arrogância de nos acharmos autossuficientes. Se não os alimentarmos, eles perdem a importância e acabam. Se você não quer ir a centros espíritas por se preocupar com o que os outros vão pensar, falar, não são eles que sofrem, mas sim você. Por que você não dá a si mesma o valor que merece e não para de se importar com a opinião de outras pessoas?

— Vou pensar.

Encerrei o assunto, depois pensei: a opinião das pessoas me importava, sim, mas não era este o motivo por que não queria trabalhar com a mediunidade, era porque não queria servir ninguém. Agora tenho pensado: para minha cunhada me falar aquilo, era porque ela estava de fato preocupada comigo e queria me ajudar. Ela entendeu que seria num centro espírita que receberia de fato auxílio. Sei agora que sábia é aquela pessoa que analisa conselhos, acata os bons e se espelha nas experiências boas de outras pessoas.

Passei a tomar passes em centros espíritas. Sentia-me bem indo, mas, assim que alguém falava, aconselhava, que seria bom eu aprender a lidar com a mediunidade, não ia mais e, quando sentia que estava carregada, era o termo que passei a usar, ia em outro centro espírita.

Conheci uma mulher, uma médium, que muito me orientou, explicou, até me deu livros para ler, mas infelizmente não os li.

Nesta época, meu marido se tornou evangélico, queria que eu frequentasse com ele; até fui, e o pastor fez uma cerimônia para tirar o demônio do meu corpo. Piorei e me recusei a voltar. Meu marido implicava comigo de ir ao centro espírita e, como não queria ir, não fui mais.

O fato é que por vezes eu recebi um desencarnado. Uma vez com um pastor perto, que conversou com este desencarnado não como demônio, mas como um espírito. Nos centros espíritas, sentia a aproximação e repelia; com passes, me sentia melhor.

Essa médium conversou comigo muitas vezes e me ajudou em ocasiões em que estava me sentindo mal. Uma vez eu falei o que sentia:

— Eu?! Ajudar outras pessoas?! Eu não!

— Então continuará precisando de ajuda. A escolha é sua! — escutei dela.

Eu, orgulhosa, não pedi mais nada, e ela, por sua vez, nunca mais tocou no assunto. Porém, se começava a reclamar, ela mudava a conversa. Sentia-me, no centro espírita, ao ir me benzer, superior, outras pessoas estavam me servindo. Não queria fazer o que eles faziam; para mim, eles servindo, eram inferiores.

Eu invejava esta senhora. Sempre a invejei. Ela era tranquila, calma, sorria sempre, e tudo parecia dar certo para ela. Estava melhor financeiramente que eu, morava numa casa confortável, tinha muitos amigos, todos gostavam dela. Ela ajudava as pessoas, trabalhava com amor com sua mediunidade. Pensava: ela era médium porque errara no passado, tem de servir agora. Não pensava isso de mim.

Não percebi quando desencarnei; acordei em casa, estava perturbada, com dores e muito inquieta. Senti a indiferença do meu marido, não era novidade; ele há tempos não me dava atenção; numa briga, às vezes, ficávamos até meses sem conversar.

Meus filhos estavam casados. O que me tratava melhor foi em casa, e ele, com o pai, foi pegar minhas roupas. Escutei:

— Papai, vamos doar tudo o que era da mamãe, é o melhor que temos a fazer.

Começaram a mexer nas minhas coisas. Indignei-me, fiquei parada, continuei a escutar:

— Faz vinte e um dias que mamãe partiu, faleceu: que ela esteja em paz — meu filho falou, e escutei meu marido pensar: "Paz, eu que vou ficar em paz sem ela por perto".

Apavorada, fiquei no canto do quarto vendo os dois pegarem tudo o que fora meu e que, naquele momento, sentia ainda ser meu. É doloroso ver, sendo apegada a objetos, os que julga ser seus, sendo separados para doações. Senti como se tirassem pedaços, nem tentei impedir, sentia-me fraca, com dores, e desesperada com o que escutava: "Neusely morreu", "mamãe faleceu". Meu marido até podia brincar comigo, me fazer essa maldade, mas meu filho não. Ele estava pesaroso, sentia a minha morte. Vi, com pesar, ele abrir uma gaveta onde guardava alguns pertences que ninguém sabia, era íntimo meu. Ainda bem que meu filho pegou tudo, colocou numa sacola, pensou, e eu ouvi, como se ele falasse: "Vou queimar tudo isto, e sem olhar o que seja. Se mamãe guardava, era dela, não tenho o direito de ver e não deixarei ninguém olhar isto, ainda bem que papai não viu". Era um álbum de poesias; um caderno, que era um pequeno diário; fotos minhas com minha família e até de dois ex-namorados.

— E as joias, papai? — perguntou meu filho. Tinha poucas e as amava.

— São as únicas coisas que irei guardar — determinou meu esposo, agora, ex-marido. — Se tivéssemos uma filha, seria dela. Irei guardá-las e depois verei o que farei com elas.

Tiraram tudo e foram colocando em sacos plásticos, de lixo. As partes que eu usava no roupeiro ficaram vazias.

— Levarei para o asilo, irei agora — decidiu meu filho.

Olhando apavorada, vi os dois irem ao banheiro, a todos os cômodos da casa, e pegarem tudo o que eu julgava ter sido meu.

Entendo agora que foi bom eles terem feito isso. Poderia ter me iludido vendo as coisas que usei e me sentir encarnada. Tirando da casa tudo o que fora meu, entendi que desencarnara. Quanto a ter algo que não quer que outras pessoas saibam, veja, não é bom guardá-lo. Porque, com certeza, terá alguém que, depois que você desencarnar, poderá olhá-lo, e isto não é bom. Ainda bem que meu filho, que não é curioso, rasgou e queimou.

Fiquei no canto do quarto tremendo de indignação, e dormi. Acordei, queria ter sonhado, mas estava no canto do chão; levantei, olhei tudo, vi as partes do armário vazias, andei pela casa com dificuldades. Vi meu esposo na cozinha, gritei com ele, xinguei e escutei:

— Credo! Às vezes parece que escuto Neusely reclamar; ela o fez tanto e por tantos anos, que, como o pastor explicou, isto ficou impregnado na minha mente.

Estava com sede e fome. Tentei pegar água e não consegui, comer também não, mas, ao vê-lo comendo, me aproximei e senti que tomava água e me alimentava. Eu o vampirizei, sugava as energias dele.

Uma tarde estava na cozinha com ele quando tocou a campainha e ele foi atender; eu fui atrás, era uma pessoa que viera conversar; fiquei olhando e vi, perto dessa pessoa, um desencarnado horrível, que sorriu para mim. Apavorei-me e corri para dentro; fui para o canto do quarto, pensei no terço, e ele apareceu nas minhas mãos, plasmei-o pela minha vontade forte de tê-lo, mesmo sem saber. Orei de forma confusa. Senti muito medo e ainda bem que aquele desencarnado não entrou na casa.

Assim fiquei: sentindo-me suja, não conseguia abrir o chuveiro nem trocar de roupa, também eles deram todas; sentindo fome, sede, frio e tendo dores. Dormia no canto, acordava e, quando percebia que meu marido estava na cozinha, ia para lá: matava a sede quando ele bebia água, e fome, quando se alimentava. Não o xinguei mais, entendi que ele não me escutaria.

Estava sofrendo muito, então lembrei da médium e roguei a Deus, a Jesus, que permitisse que ela me ajudasse. Pensei muito nela, dormi e acordei com essa senhora colocando a mão no meu ombro.

— Por que me chama, Neusely?

Olhei, observando-a. Ela estava como eu, mas diferente, estava com um cordão, que agora sei que os encarnados possuem, é sinal que o espírito está afastado do corpo físico, e isso ocorre normalmente quando estão adormecidos. Ela estava mais bonita, parecia mais renovada. Comecei chorar e reclamar:

— Estou morta! Penso mesmo que morri. Sinto dores e... — parei. Ela me olhava com carinho, estava tranquila. Pensei: "Por que ela está sempre tranquila e eu não?".

— É porque eu faço o bem, e você escolheu precisar receber. É esta a diferença.

Entendi que ela lera meu pensamento, não me desculpei, mas roguei:

— Preciso de ajuda, por favor.

— Vou levá-la ao centro espírita.

Ia reclamar, não queria ir para lá. Ela pegou a minha mão e fomos. Vi o centro espírita diferente. Naquela hora da noite, estavam somente desencarnados. Ela me ajudou a subir a escada, que não havia no plano material.

— Aqui é um abrigo para desencarnados.

Ajudou-me a me limpar, a colocar outra roupa e a me alimentar; depois me deitou num leito limpo e adormeci.

Acordei e fui levada ao salão da frente, para uma reunião de orientação a desencarnados; aproximei-me de um médium, falei, e ele repetiu. Comecei a me queixar, e um senhor conversou comigo; conhecia-o, ele havia me ajudado muitas vezes, quando, encarnada, fui lá. Alertou-me de que não deveria me queixar, que devia saber que todos teremos o corpo físico morto, que continuamos vivos e que deveria aceitar esta mudança. Compreendi que, novamente, estava recebendo auxílio. Chorei, fui consolada, recebi carinho, ouvi palavras de incentivo e me senti bem melhor. Quando me afastei do médium, um desencarnado que ali trabalhava falou para mim:

— Gostou? Sim, você gostou e se sente aliviada, sem dores. Era isto que você poderia ter feito com a sua mediunidade, e não fez.

Envergonhei-me. Fui levada, depois, para um posto de socorro. Embora aliviada por não sentir mais dores, poder me alimentar, tomar água, estar limpa e ter um leito para dormir, pensei que poderia ter um quarto somente para mim e não estar num espaço com várias mulheres. Uma enfermeira que estava perto me olhou e explicou:

— Temos quartos separados, onde os abrigados ficam sozinhos, mas, para ocupá-los, precisam ter feito por merecer.

Resolvi não reclamar mais e ter cuidado com o que pensava perto dos trabalhadores. Ali era bem melhor do que o canto do quarto. Sentindo-me bem, pude sair, andar pelo posto, ficar no jardim e estava sempre conversando com algum abrigado. Fui chamada para conversar com o dirigente do posto. Fui e, após cumprimentos, ele determinou:

— A senhora está bem e deve contribuir com a casa que a abriga. — Não entendi, e ele explicou: — Aqui há abrigados, necessitados e trabalhadores, não há ociosos. Estando bem, deve contribuir com o trabalho.

— O que fazer? Não sei — estava indecisa. De fato estava bem sendo servida.

— Há muito o que fazer. Escolha um trabalho e passe a ser útil.

— Preciso mesmo? — perguntei.

— Sim, precisa.

— Sendo assim, posso ver como é o trabalho para escolher?

— Pode!

Saí da sala e pensei: "Trabalhar, ajudar... estava muito bom, estas pessoas não ajudam de graça".

Percorri o posto, fui à biblioteca, não gostava de ler, via os livros como enfeites nas estantes. Concluí que ali não conseguiria trabalhar, por não entender nada de livros. Fui ao laboratório, foi pior. Nas enfermarias, teria de cuidar de enfermos, como fora cuidada, não gostei nem de pensar nesta possibilidade; restou a limpeza.

Pedi para o orientador mais tempo, mas ele disse que não e completou:

— A terapia do trabalho é o melhor remédio para nós. Amanhã começa sua tarefa.

No outro dia estava tendo de varrer o pátio e limpar as enfermarias. Estava insatisfeita.

Uma noite, que surpresa! Recebi a visita do meu filho, aquele que eu gostava mais. Ele viera me visitar. Explicou ele que há tempos queria saber de mim, que passara a ir ao centro espírita, gostara, interessara-se em ler, assistir palestras e então pediu para me ver. Foi trazido, quando seu corpo físico dormia, ao posto, por um trabalhador do centro espírita. Abraçamo-nos demoradamente.

— Mamãe, ao vê-la aqui, abrigada, aprendendo a servir, fico tranquilo.

— Conte, meu filho, o que está acontecendo com vocês — pedi.

— Papai casou-se de novo, com uma senhora da religião que frequenta. Não interferimos, mas nos afastamos. Ela está usando suas joias. Parece que estão se dando bem. Estou bem, e meu irmão também. Sinto muitas saudades. Agora, vendo-a bem e abrigada, estou mais tranquilo.

Ficamos abraçados, e ele foi embora. Pensei muito no que ouvira dele, que estava tranquilo por me ver bem e abrigada, porém pensando que estava sendo útil. Resolvi ser. Passei a fazer meu trabalho com atenção, varria bem o pátio, limpava as enfermarias, ajudava na preparação dos alimentos. Convidada a aprender a ajudar os enfermos, aceitei. Então percebi que muitos sofriam e que eu fora agraciada.

Quando passei, de fato, a ajudar, que senti a alegria de ser útil. Comecei então a imaginar minha vida encarnada diferente. Pensava: "Se" tivesse sido uma filha melhor, aceitado minha família, escolhido para namorar alguém que fosse mais simpático, como teria sido minha vida? O "se" começou a me incomodar. "Se" tivesse entendido que eu era médium, aprendido a lidar com minha mediunidade e sido útil com ela, como teria sido minha vida? Com toda certeza, melhor, muito melhor. Teria tido a tranquilidade que invejava na médium que conhecia. Perdi a oportunidade, e isto me incomoda, aborrece e entristece.

Neusely

Fiz umas perguntas:

— Você, quando reencarnar, irá querer ter novamente mediunidade?

— Não sei ainda — respondeu Neusely. — Penso que tenho muito que aprender, trabalhar e gostar mais de servir, para depois pensar em reencarnar. Se tivesse de reencarnar agora, sem estar convicta de que poderei auxiliar as pessoas, talvez fracassasse novamente e não quero.

— Então, quais são seus planos para o futuro?

— Não os tenho, quero é viver bem o presente. Quero mesmo é aprender a amar, servir, ajudar, fazer o bem. Fui arrogante e não quero ser mais.

— Acha que o "se" ainda a poderá incomodar?

— Sim, sei que irá. "Se" tivesse trabalhado com a mediunidade...

Explicação do Antônio Carlos:

Antes de vir ditar à médium sua história, Neusely a narrou num encontro. Na sala estavam cento e oito desencarnados, e quinze levantaram a mão e também afirmaram que seus "ses" foram pelo mesmo motivo: ignoraram a mediunidade. E as desculpas, não aceitas por eles mesmos depois do entendimento, foram parecidas: o esposo, a esposa não queria, não tinham tempo, pelos filhos... porém, com sinceridade, reconheceram que não estavam dispostos a ajudar. Ninguém tem, quando a mediunidade é em potencial, obrigação de se dedicar a ela, temos o nosso livre-arbítrio para fazer o que queremos. Temos nossas escolhas. Recomenda-se a todos que têm mediunidade em potencial que aprendam o que é e que façam o bem com ela. Conselho muito útil, porque a mediunidade é uma grande oportunidade de reparar erros e, quando fazemos o bem, a dor não precisa ser professora. Não que médiuns ativos no bem não tenham problemas, doenças... têm, sim, porém passam por momentos de dificuldades com tranquilidade, calma e compreensão. A maioria dos desencarnados que foram médiuns encarnados e tentaram ignorá-lo acaba por entender, aqui no Plano Espiritual, que realmente não queriam ajudar, ser úteis com isso. Os motivos reais são: orgulho, vaidade, arrogância, preferirem ser servidos e não servir. Indagavam: "O que irão pensar de mim?", "Isto é para pessoas humildes, pobres" etc.

Um senhor na reunião confessou:

— Sabia que era médium desde pequeno. Falava que ia fazer o bem com a mediunidade num centro espírita, era sincero, mas fui adiando: passei a adolescência, tornei-me adulto, aconteceram muitas coisas comigo e escutava: "Vá estudar e trabalhar com sua mediunidade". Nada. Casei, tive filhos e sempre algo acontecia. Acabei indo, porém o que incomodava era que, para trabalhar com a mediunidade, deveria ter uma conduta melhor, ser fiel à esposa, não ir a bares e ter com amigos encontros em que bebíamos muito. Sentia-me bem indo ao centro espírita onde estava aprendendo a lidar com minha mediunidade. Depois de oito meses, decidi não ir mais, resolvi deixar para quando estivesse mais velho, não quis largar o modo de vida que gostava. O tempo passou; por apertos, voltei novamente, para logo depois desistir. Com um dos filhos à morte, prometi voltar e ser útil com a mediunidade. Ele sarou. Voltei e até que fiquei mais tempo, um ano e dois meses. Deixei para trabalhar com a mediunidade quando idoso. Sempre falava que ia, mas depois, sempre no futuro. Voltei à vida que eu gostava, tendo farras com amigos e amantes. Fiquei idoso, concluí que não dava mais para iniciar uma nova forma de viver, ainda me reunia com amigos. Fiquei doente, e foi a esposa, que sempre suportou as minhas infidelidades, que cuidou de mim. Desencarnei, fiquei vagando, fui parar no Umbral, sofri por anos. O dirigente do centro espírita aonde fui algumas vezes me socorreu; recebi, pela incorporação, orientação e fui levado para um posto de socorro. Sinto muito remorso por ter me recusado a fazer o bem com a minha mediunidade. Quando soube deste encontro, quis vir porque, "se" tivesse agido diferente, teria evitado sofrimentos a mim mesmo. Porque, se não tivesse me recusado a me modificar para melhor, não teria sofrido quando desencarnei nem ido para o Umbral. Porque, ajudando, seria ajudado e teria aprendido tantas coisas... Trabalhando para o bem com minha mediunidade, teria tido um freio, que me impediria de cometer erros. Sinto isto. Sofri, nem tanto por ter me recusado a trabalhar com a mediunidade, poderia ter me recusado e ter sido uma pessoa boa e aí sentiria somente que perdi uma oportunidade de aprender, mas minha recusa foi para não deixar os vícios de que gostava.

Outro fato para as pessoas não quererem trabalhar, serem úteis com a mediunidade, é o que ocorreu com esse senhor: ter de melhorar, esforçar-se para fazer a reforma íntima. Ele não quis, como muitos não querem, deixar a vida promíscua para tentar se melhorar.

Todos os que sentiram este "se" voltaram ao Plano Espiritual com a sensação de que perderam uma grande oportunidade e que talvez não venham a tê-la novamente.

Porém pessoas médiuns que não se recusaram a fazer o bem com a mediunidade exclamam: "Ainda bem!".

Conversei com um senhor que foi médium e trabalhou por muitos anos num centro espírita. Lá fez de tudo: limpou a casa; serviu água; fez compras; participou da assistência social; assistiu palestras e tentou seguir, no seu dia a dia, os ensinamentos; frequentou os trabalhos de orientação mediúnica, servindo de instrumento para que desencarnados fossem orientados; deu passes. Ele me afirmou: "Ainda bem, Antônio Carlos, que não perdi a oportunidade de ser útil, porque fiz muito mais a mim mesmo que ao próximo! O melhor que me aconteceu foi, ao desencarnar, entender o que ocorrera comigo. Fiquei calmo, confiei na equipe desencarnada que comigo trabalhava no centro espírita. Alegrei-me e fui grato pelo socorro, entendi que deveria aceitar, passar a ser útil e, de jeito nenhum, sair do posto de socorro sem permissão. Entender a desencarnação é uma graça valiosa, e compreendi o que ocorrera comigo por ter orientado muitos desencarnados, porque quem orienta já está orientado e normalmente não precisa de orientação".

E assim foi com outros três, todos contentes exclamaram "ainda bem!" que não recusaram a trabalhar para o bem com sua mediunidade.

Os "ainda bem" daqueles que serviram ao bem com a mediunidade: a desencarnação foi uma passagem tranquila, uma mudança agradável; foram socorridos, ficaram com amigos, gratos, nem pensaram em deixar sem permissão o local onde foram abrigados e logo continuaram a trabalhar; aprenderam muito com a mediunidade, e este conhecimento é um tesouro que os acompanhou ao Plano Espiritual, pois a traça não rói nem a ferrugem, são conhecimentos que passaram a ser patrimônio deles; aproveitaram a oportunidade.

Este é o doloroso "se" dos que se recusaram a servir o bem com a mediunidade.

Aquela reunião ia terminar quando um senhor fez uma pergunta:

— Ouvimos hoje os "ses" de quem perdeu a oportunidade de reparar erros, de progredir, fazendo de sua mediunidade um meio de fazer o bem. Sei que muitos encarnados usam da mediunidade para fazer o mal. Aqui nesta reunião não teve nenhum. Eles não sentem o "se"?

Coube a mim, Antônio Carlos, que organizei estes encontros, elucidar:

— De fato, existem muitos encarnados que usam da mediunidade para fazer o mal. Normalmente esses têm por companheiros espíritos afins, moradores do Umbral. Quando eles desencarnam, vão ficar com esses companheiros e, quase sempre, se tornam moradores da Zona Umbralina; é um círculo, uns vão e outros vêm, encarnam e desencarnam, até que queiram se modificar ou que algum grupo de encarnados e desencarnados tente orientá-los. Como todos nós, eles, um dia, terão de dar conta de seus atos. Quando se arrependem, quase sempre isto ocorre pela dor, os "ses" são muitos. A consequência da maldade é dolorosa. Todo abuso tem reação de sofrimento.

Aqui não temos nenhum porque, quando um deles, que fez da mediunidade um meio de fazer maldades, é socorrido, vai para locais especiais, escolas próprias, que lhes darão uma melhor compreensão.

— É preferível tê-la ignorado do que fazer o mal com a mediunidade! — Neusely suspirou.

Eu, Antônio Carlos, completei:

— Preferível é ter feito o bem com ela!

A reunião terminou, e todos os que participaram tiveram muito o que pensar.

CAPÍTULO 6

O "SE" DE MARIA DA PENHA

Era pequena, nove anos, quando meu pai desencarnou. Tinha um irmão e uma irmã, eu era a mais velha. Passamos por um período difícil, em que mamãe trabalhava muito para nos sustentar. Tive que ajudar, entregava roupas que mamãe lavava e passava, doces que ela fazia. Estudávamos, meus irmãos e eu fizemos o curso primário, os quatro primeiros anos de estudo. Invejava os outros alunos, principalmente as meninas que estudavam comigo, as que tinham melhores roupas, uniformes mais novos, que levavam lanches... até os cadernos, os lápis. Queria ter o que elas tinham, achava injusto elas terem e eu não.

Tinha vergonha de entregar ou buscar coisas para mamãe, preferi então ajudá-la a fazer, e minha irmã ia entregar. Minha irmãzinha ia numa boa.

Tive alguns contratempos que seriam normais "se" não fosse revoltada. Como uma vez em que queimei meu braço e a mão, queimadura que doeu muito, mais ainda por estar revoltada.

Estava com quinze anos quando mamãe arrumou um companheiro e melhoramos de vida. Ele era separado e tinha cinco filhos, que ficaram com a ex-mulher dele. Mudamos de casa para uma maior, e mamãe parou de trabalhar para as freguesas. Reconheço que ele era uma pessoa boa, meu padrasto e minha genitora se davam bem. Ele não quis que fôssemos, minha irmã e eu, empregadas domésticas: arrumou emprego para mim numa loja; para meu irmão, na marcenaria em que ele trabalhava; e minha irmã, que era a caçula, menor, ficou em casa para ajudar mamãe. Quis que estudássemos, matriculou-nos no antigo ginasial, à noite. Eu sentia vergonha porque era a mais velha da classe. Mas fui, sempre quis estudar. O dinheiro que recebia de salário era pouco, mas era somente para mim. Comprei roupas e passei a me vestir melhor.

O fato é que nunca tive amigos, não fiz amizades. Na escola, por ser invejosa, estava sempre me queixando ou diminuindo o que os outros tinham, como: "sua saia é feia"; "você é sardenta"; "sua lição está errada" etc. Eles não gostavam de mim.

Na loja, ficava muito calada e tentava fazer bem-feito o que me cabia. Bajulava a patroa e, sempre que possível, diminuía as outras funcionárias e as delatava. No estudo noturno, foquei nos estudos e não me enturmei com ninguém.

Pensei em me dar bem com um casamento. Decidi me casar com alguém que pudesse me sustentar, que tivesse casa própria etc. Escolhi um moço, foquei nele para conquistá-lo. Mas, para uma sociedade racista, eu não era bonita: era de pequena estatura, magra, negra, e meus cabelos, para mim, eram um horror, eram crespos.

Este moço, com minhas investidas, até teve uns encontros comigo; depois, deixou claro que não queria me namorar. Eu acabei gostando dele. Ele começou a namorar outra moça. Fiz fofocas, até conversei com ela, falei mal dele. A moça disse que não acreditava em mim; ele veio conversar comigo e me pediu para parar de falar dele, disse que, se não parasse, ia se queixar ao meu padrasto. Não desisti, continuei, e o que consegui foi que ficaram noivos e anunciaram que iam se casar logo.

Até tentei arrumar outro, mas não encontrei ninguém melhor financeiramente que eu. Um colega do trabalho do meu irmão interessou-se por mim. Não quis nem conversar com ele, era um simples empregado.

O tempo passou, e esse moço que eu gostava casou-se.

Meu sonho era estudar num colégio pago, dirigido por freiras, somente para meninas, e não tinha curso noturno. Fui lá para ver se conseguia estudar. Era mais velha; na minha idade, vinte e um anos, todas as alunas já haviam se formado.

Conversando com uma freira que me atendera, soube de uma possibilidade: trabalhar no colégio como funcionária, fazer serviços gerais, de limpeza, ajudar na cozinha etc. e estudar de graça, mas não teria férias e trabalharia os sete dias da semana e, nas férias escolares, em período integral, para compensar as horas em que teria aulas. A outra opção era entrar para o convento, ser freira, foi nesta opção que foquei.

Pensei e concluí que poderia tentar a vida religiosa. Mamãe e meus irmãos fizeram de tudo para me fazer mudar de ideia, me alertaram que não tinha vocação. Minha mãe me arrumou outro emprego, numa creche, porque eu, desde pequena, falava que queria trabalhar cuidando de crianças: minhas brincadeiras preferidas eram as em que cuidava de várias crianças. Pensei muito se deveria aceitar: se fosse, realizaria um sonho e poderia continuar estudando à noite. Mas as facilidades que pensei que teria no convento me seduziram. Depois, poderia sair se quisesse. Fui, mas não para a congregação das freiras do colégio da cidade que morava, mas para uma outra, numa cidade distante da que residia.

Foi uma escolha...

No convento tinha de trabalhar, mas pude estudar. Percebi logo, pois era observadora, que havia no convento dois grupos:

um de mulheres religiosas, que tentavam ser boas freiras; e um outro grupo, de pseudorreligiosas, que tinham vantagens, alimentavam-se melhor, consumiam bebidas alcoólicas e tinham amantes.

Que escolha, meu Deus!

Dei a entender à madre superiora que sabia o que o segundo grupo fazia, e ela, no começo, me deu regalias que gostei: trabalho mais leve, alimentos melhores. Aceitei agradecida. Então ela me convidou, aceitei e passei a fazer parte do grupo rebelde, como elas se denominavam. Parei de estudar, não me interessei mais e decidi ficar mesmo no convento. Escrevi para mamãe afirmando estar feliz e que era mesmo minha vocação ser freira. Ela acreditou.

Tive uma vida totalmente diferente do que eu poderia imaginar, muito leviana. Sexo, para nós, era com homens e entre nós. Saíamos do convento, à noite, por uma porta secreta, indo ao jardim, e de lá saíamos por um portão para a rua, que era escura e deserta; íamos a um posto, onde pernoitavam caminhoneiros, ou a bordéis e tínhamos encontros. Falávamos que éramos de outra cidade. Evitávamos filhos tomando anticoncepcionais ou usando de tabela. Havia também as que eram amantes de padres. Tínhamos roupas guardadas para essas saídas.

Resolvi aproveitar a vida. Nós, do segundo grupo, fazíamos de tudo para preservar a madre superiora, temíamos que ela fosse transferida, o que dificultaria nossas orgias.

Às vezes pensava que poderia trabalhar com crianças, numa creche, mas repelia esses pensamentos, minha vida estava muito boa. Escrevia para a família, depois telefonava e fui rareando, eles me eram indiferentes. Porém não esquecia da creche. Queria que esses pensamentos fossem uma tentação, os repelia e acabei esquecendo.

O tempo foi passando, e uma do nosso grupo, do segundo, faleceu, desencarnou, e, ao vê-la no caixão, vi, senti a expressão dela de dor e sofrimento. Dois meses depois, esta freira começou a aparecer no convento, seu vulto andava pelos corredores gemendo. Paramos de sair à noite do convento, por este motivo, e também por achar que estávamos velhas. No convento, não havia tantas novatas, noviças. Como dizia a madre superiora, mulheres tinham mais o que fazer, e ser religiosas, freiras, não as atraía mais.

Ficamos preocupadas e com medo, por vermos o vulto da madre Clara e ouvir seus lamentos. Quem mais via e ouvia era o grupo das rebeldes. Estávamos com tanto medo que passamos a dormir juntas, duas ou três no mesmo quarto. Não sabíamos o que fazer. Reunimo-nos.

— Pelo jeito — concluiu a madre superiora —, estamos agindo errado. Madre Clara morreu e sofre. Não entendo: se não foi perdoada, era para estar no inferno. Porém ela confessou, comungou, recebeu a extrema-unção, era então para estar no céu ou no purgatório.

— Tenho pensado — opinou madre Albertina —: pecar e receber o perdão pelo simples ato de se confessar não é muito fácil? Fez, confessou e pronto, o céu a espera. Onde morei, antes de vir para o convento, num sítio, havia assombrações. Afirmavam que eram almas de defuntos. Sabemos que o demônio pode passar por quem ele quiser, ele pode estar aqui e tomou a aparência de Clara. Mas será que podemos culpar o demônio por tudo? Se Clara e nós agimos errado, a culpa é nossa. Será mesmo que o demônio se interessaria em se passar por Clara somente para nos assustar? Colocar a culpa em outro é tão fácil! Porém o vulto parece sofrer e aí ou o demônio finge muito bem ou de fato ela sofre. Sinto que é Clara, ela, sua alma está atormentada. Penso também que não adianta pedir ajuda para os padres que nos visitam, eles erram tanto quanto nós.

— E a madre Consuelo? Ela é muito certinha e bondosa — lembrou-se madre Otília.

— Vamos conversar com ela — decidiu a madre superiora.

Nós a chamamos, e madre Consuelo foi, risonha como sempre. Ao ser indagada e opinar sobre o que estava acontecendo, quando foi pedido que desse sua opinião sobre a assombração no convento, ela explicou:

— Penso que algumas almas, quando o corpo físico morre, podem, por algum motivo, com a permissão de Deus, ficar a vagar normalmente por onde moravam. Gostaria muito, mas muito mesmo, de entender esse fato. Eu somente escutei duas vezes gemidos, não vi nada. Será que não seria bom conversar com este vulto, explicar a ele, que pode ser ou não madre Clara, que o corpo dele morreu?

— A senhora faria isto? — perguntou a madre superiora.

— Sim, faço — afirmou aquela religiosa do primeiro grupo.

Combinamos e fomos eu, madre Consuelo e madre Otília ao antigo quarto da madre Clara e, lá, começamos a orar, a chamá-la para Consuelo conversar com ela.

Não esqueço o que ocorreu naquele quarto. Nós a chamamos, e o vulto apareceu, chorando e gemendo. Consuelo, com carinho, esclareceu que ela havia partido, que deveria rogar pelo perdão com arrependimento, pedir clemência a Deus. O vulto chorou mais ainda. Consuelo continuou a falar, a explicar, e o vulto foi se acalmando; de repente, uma luz entrou no quarto, o vulto adormeceu, e a luz o levou. Eu tremia de medo, não somente do vulto, mas do que poderia ocorrer comigo. Não vimos ou ouvimos mais nada. Entre nós, nos tratávamos pelos nomes; perto de outras pessoas, usávamos "madre", a responsável pelo convento era a "madre superiora".

Resolvemos, nós do segundo grupo, agir corretamente: demos nossas roupas das saídas, fechamos o portão com tijolos e passamos a doar coisas aos pobres, a nos alimentar com alimentos mais simples e a não tomar mais bebidas alcoólicas. Os padres escassearam as visitas.

Adoeci, aí senti muito medo da morte. Recebi também perdão pela confissão, comunguei, recebi a extrema-unção, porém não acreditava mais, ou melhor, nunca acreditei que um padre que agia erroneamente pudesse servir de instrumento para perdoar alguém. Pedi perdão a Deus mais por medo.

Desencarnei, meu corpo físico morreu, e fiquei, em espírito, perto dele: vi me trocarem e ser colocada num caixão. Às vezes sentia-me indiferente; outras, desesperada. Fui velada na capela; quando levaram meu corpo físico para o cemitério, fiquei na capela.

— Reze! Mas com sinceridade! — escutei alguém a me aconselhar.

Foi o que fiz. Sem entender, percebi que estava num local diferente, fora socorrida. Entendi que meu corpo havia morrido, era uma sobrevivente, tornei-me dócil, agradecida, me esforcei para aprender e, assim que possível, passei a ser útil.

Sinto muito remorso, desperdicei uma encarnação. Tenho estudado, trabalhado, mas estou longe de ter a tranquilidade que percebo naqueles que aproveitaram a oportunidade de se melhorar quando encarnados.

Vim a saber, aqui no Plano Espiritual, que, no convento, o primeiro grupo, quando encarnado, não sabia o que nós, do segundo grupo, fazíamos. As que foram de fato religiosas, quando desencarnaram, tentaram ajudar as rebeldes, duas delas trabalhavam desencarnadas no convento. Esperaram uma oportunidade para socorrer Clara: por ela se achar encarnada, temia muito as desencarnadas. Foi uma delas que me socorreu. E, por Clara ter vagado, nos alertou.

Maria da Penha

Maria da Penha terminou seu ditado. Perguntei se ela gostaria de reescrever ou mudar alguma coisa, e ela disse que não, que estava bom, que a médium havia escrito o que ela ditara.

Fiz algumas perguntas para completar o relato:

— Em que você sente o "se"?

— Em tudo! — Maria da Penha enxugou o rosto, pois as lágrimas teimavam em escorrer. — "Se" não tivesse me envergonhado do trabalho de minha mãe, "se" tivesse dado valor ao esforço que ela fazia para nos sustentar, teria sido uma boa filha. Quando fui para o convento, estive por duas vezes com meus familiares. Depois que minha mãe desencarnou, o contato com meus irmãos foi escasseando. Não dei valor à família. "Se" não fosse invejosa, teria feito amizades. Tudo com amigos se torna mais fácil. "Se" não estivesse determinada a casar com alguém que tivesse dinheiro, teria talvez me casado e sido mãe. Antes de reencarnar, no Plano Espiritual, propus que, quando no corpo físico, iria trabalhar com crianças, ajudá-las. Entendi que era por isto que às vezes pensava em creches, orfanatos. Tive oportunidade: minha mãe, antes de ir para o convento, arrumou para mim emprego num local onde cuidaria de crianças. Como teria sido diferente "se" tivesse ido trabalhar com crianças, ter feito o que propusera! Poderia ter me casado, trabalhado e feito o que planejara. Não há destino, temos nosso livre-arbítrio; encarnados, podemos mudar, isto aconteceu comigo, e é bem triste. Não fiz o que planejara. Preferi a facilidade que o convento me oferecia. Mas, lá, "se" não tivesse me unido ao grupo das rebeldes, teria me tornado uma boa religiosa. Quanto sofrimento teria evitado "se" tivesse escolhido outro caminho.

Tenho lido *O Evangelho segundo o espiritismo*, de Allan Kardec, estudado e tentado colocar no meu dia a dia os ensinamentos nele contido; uma parte, de tanto ler, decorei, é do capítulo cinco, "Bem-aventurados os aflitos", item doze, "Motivos de resignação": "O homem pode abrandar ou aumentar o amargor de suas provas, pela maneira de encarar a vida terrena... O momento penoso passa bem depressa... O resultado da maneira espiritual de encarar a vida é a diminuição da importância das coisas mundanas, a moderação dos desejos humanos, fazendo o homem contentar-se com sua posição, sem invejar a dos outros, e sentir menos os seus reveses e decepções. Ele adquire, assim, uma calma e uma resignação tão úteis à saúde do corpo como à da alma, enquanto com a inveja, o ciúme e a ambição, entrega-se voluntariamente à tortura, aumentando as misérias e as angústias de sua curta existência".

— Maria da Penha, você tem planos para o futuro? — quis saber.

— O passado me entristece, não posso mudá-lo. Tento tirar lições dos meus erros para acertar. Sofro pelos meus atos equivocados, por estar sentindo que perdi uma oportunidade de acertar nessa encarnação. Queria reencarnar para esquecer. Fui aconselhada a aprender a amar o trabalho, ser útil, esforçar-me para não ser mais invejosa. "Se" conseguir, terei mais segurança para voltar ao Plano Físico. Por enquanto, ficarei no posto de socorro em que estou abrigada, com planos de aprender a ser útil.

— Não dá para esquecer o "se"?

— Por enquanto não. Não tem um dia que eu não lastime: "Ah, 'se' não..." Muitas vezes choro. Outra coisa que tenho de aprender é a não lastimar tanto.

— Você se arrependeu de fato? — perguntei.

— Sim, me arrependi e sofro com o remorso. Mas, com sinceridade, "se", olha o "se" de novo, voltasse no tempo, sem o conhecimento que tenho agora, de que somos donos dos nossos atos e que recebemos a reação deles, será ou não que agiria do mesmo modo? Penso que devo seguir o conselho que tenho recebido e me preparar melhor para reencarnar.

— Você quer acrescentar mais alguma coisa?

— "Se" puder servir de alerta, acrescentarei — Maria da Penha suspirou sentida —: Nunca é tarde para fazer algo de bom. Fizemos, no convento, depois de idosas e da ocorrência de Clara, distribuições para os pobres: primeiro de coisas, roupas guardadas; depois alimentos. Ficávamos duas vezes por semana sem jantar e outras duas sem almoçar, passamos a nos alimentar com alimentos mais simples. Isto me ajudou, recebi a reação destes atos. Depois, vocês, encarnados, não deixem passar, por nada, a oportunidade de fazer o bem, de serem úteis para que não sintam o vazio do nada. É muito doloroso entender, ao desencarnar, que não teve uma reencarnação proveitosa, que nada fez de bom a si nem ao próximo. Espero, aguardo, confio que, na próxima vez, não lastime o "se" e que eu possa me alegrar com: "ainda bem" que fiz, que aproveitei, que minha encarnação foi proveitosa.

Agradeci-a por ela ter aceitado meu convite e ditado à médium. Maria da Penha me agradeceu e desejou que seu relato pudesse alertar alguém.

Explicação do Antônio Carlos:

Escuto muito esta indagação: "Se" pudesse voltar no tempo, faria ou não o mesmo ato? Seria somente após sofrer a reação que pensaria em mudar? São perguntas difíceis de responder. Tento explicar: o melhor mesmo é pensar que não se pode modificar o passado, mas fazer o que podemos no presente e planejar o futuro. Devemos estar sempre atentos aos nossos atos: se for invejoso, não deve ser mais, e, assim como com todos os vícios, nos modificar, por exemplo, passar de ambicioso a modesto etc. e assim acertar mais.

Compreendo o sofrimento de Maria da Penha, não é por estar abrigada num posto de socorro ou numa colônia que se está isento dos nossos problemas ou do remorso. Alerto que ela não fez maldades a outros a não ser a si mesma. Realmente, o que ela mais sente é de ter ficado no corpo físico por sessenta e quatro anos e não ter feito nada de proveitoso a ninguém e nem a ela. Mesmo nos últimos anos encarnada, em que fez algumas caridades, não foi de coração, foi por medo, embora tenha agasalhado e alimentado muitas pessoas. A ação generosa existiu, isso foi levado em conta, tanto que ela foi socorrida quando desencarnou. Isso ocorreu também porque freiras que foram bondosas, realmente religiosas, estavam ali tentando ajudar as "rebeldes", como elas mesmas se denominavam. Maria da Penha foi socorrida por uma delas, que a aconselhou a orar e depois a levou para um posto de socorro. Poderia não ter aceito o socorro oferecido e saído, ido vagar. Ficou. Quanto a melhorar, com certeza, Maria da Penha o fará, porque o estudo, o trabalho está a modificando para melhor. Ajudar a outros é o melhor remédio para o remorso. Temos nossas lágrimas enxugadas quando enxugamos as de outros.

Tenho também escutado muitos "ses" de remorso por terem voltado ao Plano Espiritual e não cumprido, não terem feito o que planejaram. Aqui, na espiritualidade, diversos (não todos) desencarnados fazem planos, muitos reencarnam esperançosos; depois, encarnados, várias coisas acontecem, e os planos ficam para trás. Alguns tentam se defender e enumeram dificuldades. As frustrações existem, sentem a falta de algo, outros acabam depressivos (nem todos os depressivos o são por este motivo, há muitas causas para ter esta reação). Quando desencarnam sentem que perderam a oportunidade e lamentam o "se". "Ah, se tivesse feito..."

Complemento: "Se" não for no momento presente, no período em que estou vivendo, quando poderá ser? O futuro é tão incerto. Aproveitemos para realizar o que temos de fazer, o que tem de ser feito, agora.

Se o que me cabe fazer, eu não fizer, quem o fará? Não posso deixar para outros as tarefas que tenho de executar. Quem poderá fazer por mim o que me cabe?

CAPÍTULO 7

O "SE" DE LUÍS

Cresci num sítio, meu pai se casara pela segunda vez e, com minha mãe, teve somente eu. Não tive contato com meus outros irmãos, filhos do meu pai. Eles não gostaram de o pai ter se casado novamente nem de minha genitora. Sempre fui irresponsável, isto que minha mãe dizia, mas eu me achava otimista.

Conosco, no sítio, morava uma irmã de minha mãe que era viúva, a Maria, e seu filho José, que era quatro anos mais velho do que eu. Éramos muito amigos, José era tímido, parecia mais novo, éramos como irmãos. Meu pai também era irresponsável, mas ele dizia ser sonhador. Vivíamos bem, eram mamãe e Maria que trabalhavam muito.

Para mim tudo estava certo ou daria certo. Não via problema em nada. Na escola, se tirava uma nota baixa, com certeza, na próxima, seria alta, ou era para eu sentir o gosto diferente de ter uma nota baixa. Doenças eram porque tinha de tê-las; se morria alguém, era para viver melhor no céu. De fato, não ficava triste.

Estava com dezoito anos quando minha mãe desencarnou. Ela estava se queixando de dores; para mim, era porque, com mais idade, o corpo sentia. Amava minha mãe e senti me separar dela. Escutei de José:

— E aí, companheiro, o que me diz desta morte?

— Que minha mãe mereceu ir mais cedo para o céu. Lá, com certeza, estará sadia. Mamãe não irá querer que eu sofra. Então bola para frente!

Mas senti: Ela era bem mais nova que meu pai. Papai se casou com mamãe com união total de bens. Quando a primeira esposa dele desencarnou, eles tinham somente uma casa na cidade, que ele vendeu, ficou com o dinheiro e não deu nada para os filhos. Minha mãe era viúva, não teve filhos no primeiro casamento, mas herdou o sítio. Casaram-se e meu pai, com o dinheiro que recebeu com a venda da casa, aplicou no sítio para ele ser mais produtivo.

Papai, dias depois do enterro da mamãe, fez uma reunião com Maria, não a chamava de tia, com José e comigo. Explicou:

— Meus outros filhos, são oito, e vinte netos querem receber parte do sítio de herança. Alegam que coloquei o dinheiro da casa nestas terras. Acho injusto, porque o sítio era de minha mulher, e era ela quem trabalhava nele. Resolvi vendê-lo e ir para a França. Iremos nós quatro. Farei isso: venderei o sítio em segredo, compro as passagens para a França, de navio, e lá iremos para um castelo que tenho como certo comprá-lo e viveremos lá.

— Como nos sustentaremos? — Maria quis saber.

— O castelo não é grande, mas é de pedra, destes antigos, está barato porque tem fama de assombrado. Faremos dele uma mina de dinheiro fazendo turismo assombrado.

Meu pai era francês, nascera na França e viera para o Brasil com doze anos com seus pais e dois irmãos. Logo que chegaram, os pais dele desencarnaram por uma febre, cada um dos irmãos fora para um lugar, eles se correspondiam de vez em quando. Papai não ligava para seus irmãos, mas amava a França e sempre alimentou o desejo de voltar para lá.

Falou com entusiasmo e nos contagiou. Ele me ensinou a falar e escrever em francês, e José também aprendeu muitas coisas.

— Lá — completou papai —, teremos uma vida diferente, muito boa, gostaria que vocês viessem comigo.

Maria conversou com o filho. Concluíram que, se vendessem o sítio, eles não teriam onde morar, e a vida deles seria difícil; José não queria se separar de mim nem do meu pai, que ele gostava como se fosse dele. Decidiram ir conosco.

Com a decisão, foi planejado: papai evitaria discutir com seus outros filhos, venderia o sítio, compraria as passagens e partiríamos sem nos despedir.

Estava tudo arrumado, passagens compradas, iríamos em três dias, quando meu pai desencarnou de um ataque do coração. Após o enterro, nós três decidimos ir, teríamos de entregar o sítio, e meus irmãos com certeza iriam querer a parte deles. Desfizemos as malas do meu pai, nos organizamos, cada um de nós levaria duas malas. Fui a cavalo até a casa do senhor que comprara o sítio, entreguei as chaves e pedi para ele pegar a charrete na estrada, papai vendeu com tudo, até com os móveis. Eram dezoito horas, fomos para a estrada, o ônibus passava às vinte horas, fomos à cidade vizinha, de lá para uma outra, e aí fomos para aquela em que pegaríamos o navio. Ficamos numa pensão, onde pernoitamos. Consegui vender a passagem de meu pai. Quando ele comprou, ficaríamos ele e eu numa cabine, Maria e José em outra. Agora iríamos ficar nós três em uma cabine.

Partimos. Com certeza, quando meus irmãos soubessem que meu pai vendera o sítio, estaríamos longe.

Maria enjoou no começo, mas depois tudo bem. Foi uma viagem desconfortável, mas tentei animá-los. No segundo dia, encontrei no navio um homem, um francês, paguei para ele nos dar aulas de francês. Era meu pai que falava bem o idioma. Aprendemos com ele a falar e escrever corretamente; Maria, somente a falar.

Chegamos. Para ir à cidade do castelo, tivemos de viajar de trem, depois de ônibus. Chegamos a uma pequena cidade: por informações, trinta minutos depois, encontramos com a pessoa de quem meu pai afirmara ter comprado o castelo. De fato ele dera a entrada; para pagar o restante, foi quase todo o nosso dinheiro.

Como papai comprara a propriedade no nome dele, eu me passei por ele, ainda bem que levei todos os documentos do meu genitor.

Ao chegar ao castelo, Maria chorou.

— Meu Deus, como morar aqui?

— Maria, dará certo, nos acostumaremos. Vamos limpá-lo, arrumá-lo — animei-a.

Descobrimos que, dentro do castelo, na ala esquerda do térreo, havia uma parte melhor. Instalamo-nos lá, tinha uma sala grande, um quarto, banheiro e cozinha. Maria e José dormiam no quarto; eu, na sala. Pegamos tudo o que estava em melhor estado e levamos para lá. Depois de arrumado, ficou habitável. Organizamos os outros cômodos do castelo. A propriedade tinha um pequeno jardim na frente, com umas árvores e poucas flores. A construção era robusta, de pedras, portas pesadas, algumas de madeira e outras de ferro; tinha o térreo, um andar, era um sobrado, e, após outro, havia somente uma pequena torre. Resolvemos que a parte que usávamos para morar seria privativa.

— Vamos deixar o jardim sombrio — determinei.

No fundo, fizemos uma horta. Quando achamos que tudo estava organizado, decidi:

— Agora vamos anunciar que o castelo é assombrado.

— Ele é ou não é? — Maria duvidava.

Desde que chegáramos, escutávamos baterem portas, mas elas continuavam fechadas. Escutávamos objetos caírem, mas não caíam. José já tinha visto vultos, Maria não tinha certeza se vira ou não, eu não vi nada.

Pensei, concluí e disse aos dois:

— Tem que dar certo! Não será fácil vender este castelo, que tem somente um pequeno jardim e um quintal. Nosso dinheiro é pouco. Mesmo se eu vender o castelo, talvez o dinheiro não dê para voltarmos ao Brasil. E se voltarmos, o que iremos fazer lá? Vamos ficar e fazer o que planejamos. O castelo terá uma história de mortes, traições e suicídio. José vestirá roupas esquisitas, ficará na porta, receberá os turistas e os acompanhará pelo castelo contando a história. Maria ficará escondida no vão da porta da biblioteca e, de lá, bem escondida, quando os visitantes passarem, puxará o fio de náilon e fará a cortina mexer. Depois ela sobe no andar de cima e arrasta uma corrente. Após, Maria, vestida a caráter, se apresenta aos turistas. Eu fico na frente, cobro pelas entradas e depois tento assustá-los com gemidos. Agora é a vez das assombrações escutarem.

Fiz uma pausa e falei bem alto:

— Senhores e senhoras fantasmas, por favor, nos ajudem! Comprei o castelo, ele é meu, estão morando aqui de favor, paguem por isto. Não nos assustem, mas sim os turistas, assombrem-nos, passem-lhes as mãos, algo assim. É isto aí! Trabalhem!

— Luís, você não deve falar assim com os fantasmas — advertiu-me Maria.

— Claro que posso! Estamos todos morando aqui e devem colaborar. Fechados no castelo, sem ninguém, a vida deles devia ser chata. Agora será movimentada.

Assim que mudamos, passamos a nos chamar de outros nomes. Eu, por usar o nome de meu pai, passei a ser Jacquer, Maria virou Marie e José ficou sendo Josef.

Fui às cidades vizinhas, preguei cartazes e fui a duas cidades grandes e pus anúncios em jornais. Fui falar com o prefeito e, entusiasmado, tentei fazê-lo entender que os turistas dariam lucro para a cidade, porque eles comprariam, se alimentariam, e eu não pagaria imposto. Consegui que ele diminuísse, o imposto era alto.

Marcamos as visitas, duas no período da manhã e duas à tarde. Durante a semana, não vinha ninguém, mas, nos finais de semana, começaram a vir.

José se vestia com roupas da moda antiga, encontramos algumas nos roupeiros; no seu rosto, passávamos pó branco e sombra escura ao redor dos olhos, ele ficou estranho. Maria também se vestia com roupas antigas, fazia um penteado que se usava há muito tempo e também ficou, pela maquiagem, pálida e com olheiras, parecendo uma morta-viva.

José acompanhava os visitantes, no começo eram poucos, e ia contando as histórias que inventamos:

— Aqui, senhores e senhoras, viveram muitas famílias, e tudo começou quando um conde fez nas suas terras, que eram muitas, um castelo, esse castelo, para sua amada. Casaram-se e vieram morar aqui. Ele estava feliz, mas ela não. A jovem esposa era muito bonita, o conde era feio, corcunda, tinha um olho maior que o outro. Sua bela esposa o traiu com o jardineiro do castelo, que era um jovem muito bonito. O conde descobriu e matou os dois. O conde tinha um irmão, que vinha muito visitá-los, ninguém sabia, mas ele era apaixonado pela cunhada; quando a viu morta, suicidou-se. O conde continuou a viver no castelo e foi perseguido pelos três mortos. Morreu e aqui ficou também, sem paz, atormentado e atormentando.

Passavam pelos cômodos e José completava:

— Foi aqui que o jardineiro morreu! Nesta sala, a condessa se encontrava com o seu amante.

Nisto, a cortina mexia, escutavam barulho das correntes, ouviam o meu gargalhar ou gemidos. E os fantasmas cooperavam, eles assopravam em um, puxavam os cabelos de outro, passavam a mão em alguém, e eles se assustavam mais ainda quando Maria se encontrava com eles e dizia ser a dona do lugar.

Fiquei contente, as pessoas comentavam para outros, e os grupos de visitantes foram aumentando.

Contratei três empregados: dois homens que cuidavam do jardim e da horta, faziam o serviço pesado, rachavam lenha para a lareira, para o fogão; e uma mulher, que lavava roupa e limpava algumas partes do castelo.

Curioso, fui ver os livros nas estantes da biblioteca. Tinha alguns títulos desconhecidos, concluí que ficaram ali porque não eram interessantes. Limpei-os e, ao tirar um deles, uma estante se moveu, era uma porta. Alegrei-me, encontrara uma passagem secreta, que era um porão. Entramos nós três lá com lanternas, calcei a porta para que não fechasse e não havia nada ali, era um corredor estreito, que se alargava no final, as paredes não eram pintadas. Então a história contada por José se modificou: o conde prendera a esposa e o amante ali e os dois morreram de sede e fome.

Os turistas, com lanternas, entravam ali e se impressionavam. Tomávamos o cuidado de contar quantos entravam e saíam e de deixar a porta aberta e calçada, com receio de que ficasse alguém preso ali.

José e eu saíamos pelas cidades por perto, tínhamos encontros com mulheres, mas não namorávamos; resolvemos não nos casar, não nos envolver com mulheres e não confiar a ninguém que forjávamos os fenômenos.

— Luís — José estava preocupado —, estamos de fato bem. Não trabalhamos pesado, vivemos confortáveis, alimentamo-nos com bons alimentos e curtimos a vida. Será que é justo nem tentar saber quem são esses fantasmas? Será que eles foram gentes? Viveram como nós?

— José, por favor, não se preocupe com eles. Queixam-se? Não! Então os deixe assim.

— Será que eles não sofrem? — José de fato estava apreensivo. — Não era para eles estarem no céu ou no inferno? Por que estão aqui? Vejo sempre um vulto de uma moça chorando.

— A chorona? Fale mais dela. É a condessa?

— Lembre-se de que inventamos esta história.

— Para nós é verdadeira — afirmei. — José, o que você quer fazer? Nós não prendemos esses fantasmas. Eles vivem aqui e têm de cooperar com o lugar em que moram.

Fui para a biblioteca, abri todos os livros para limpá-los e... surpresa! Encontrei, dentro de nove livros, nove caixinhas redondas de quatro centímetros, eram trabalhadas com desenhos lindos e abriam; dentro de três delas encontrei um anel de rubi, outro de brilhante e três pérolas soltas.

O prefeito exigiu que pagássemos o imposto que estava atrasado, mas não tínhamos todo o dinheiro para quitar a dívida. Peguei duas caixinhas, fui a uma cidade grande e as vendi para um antiquário. Paguei o imposto.

Para mim tudo estava maravilhosamente bem. Resolvi viajar, conhecer o país, ia nas segundas-feiras e voltava nas quintas-feiras à noite, porque abríamos nas sextas-feiras e também nos feriados.

Maria começou a se queixar de dores, não estava se sentindo bem. Vendi mais duas caixinhas para fazer o melhor tratamento para ela.

José não quis sair mais, ficou triste e se queixava de cansaço. Pensei que era por causa da doença de Maria.

Uma vez três pessoas, ao comprarem comigo as entradas, me indagaram criticando:

— O senhor acha justo expor espíritos como faz? Não acha que deve ajudá-los em vez de explorá-los?

— Ora, eu não os exploro — indignei-me. — Eles estão aqui porque querem.

— Já se perguntou o porquê? Ou de que eles precisam? Será que eles não merecem sossego e ir para onde os espíritos devem ir?

Discutimos, devolvi o dinheiro deles e os impedi de entrar.

— Vão vocês embora! — ordenei. — Se querem fantasmas, vão procurar em outro lugar. Deixem os meus comigo. Estão bem aqui.

E assim foram se passando os anos. Já estávamos havia oito anos no castelo quando Maria adoeceu, ficou acamada, a levamos a médicos, tomou muitos remédios, mas desencarnou. Enterramo-la no cemitério da cidade. José sentiu muito e eu tentei fingir, mas senti também.

Foi então que prestei atenção em José, ele não precisava mais se maquiar, pois estava pálido e magro. Levei-o ao médico quase o arrastando porque não queria se consultar. O diagnóstico foi que estava anêmico.

Sem Maria, não conseguíamos mexer a cortina nem arrastar as correntes. Os visitantes já não gostavam tanto das visitas.

Vendi mais duas caixinhas porque o prefeito queria receber os impostos atrasados, paguei metade da dívida.

Preocupei-me com José, que não melhorou; levei-o de novo ao médico e foi constatado que ele estava com tuberculose. José se tornou apático, quase não conversava, triste, ele não reagia, ficou prostrado. Dispensei os empregados, fechei o castelo para as visitas e cuidei dele. Oito meses depois, José não se levantava mais do leito, foi difícil cuidar dele e do nosso espaço. José um dia me disse:

— Luís, penso que não deveríamos ter explorado os fantasmas do castelo. Será que eu me tornarei um?

— Claro que não! — afirmei.

— Por que afirma com tanta convicção? Será que eles não foram pessoas como nós? É triste isto. Estou arrependido de não ter respeitado os fantasmas. Talvez deveríamos tê-los ajudado.

— Como?

— Não sei, mas, se quiséssemos, teríamos como saber — José suspirou triste.

José desencarnou. Enterrei-o no cemitério. Senti muito e tentei ficar otimista. Ficar no castelo sozinho estava sendo muito ruim. Dez dias depois que José desencarnara, escutei baterem na porta e gritei:

— Podem parar! Não quero barulho! Fiquem quietos no canto de vocês — pensei que fosse um fantasma.

Um jovem mensageiro gritou:

— Senhor, trago-lhe um bilhete, um recado para o senhor ir à prefeitura, amanhã às quatorze horas — abri a porta, peguei o bilhete. Agradeci.

Fui e lá encontrei vários homens com o prefeito. Deixaram claro que, se não pagasse o imposto, eles confiscariam o castelo. Eu estava sem renda, porque fechara o castelo para as visitas e não tinha dinheiro. Ouvi a proposta: três daqueles homens queriam comprar o castelo e continuar com o turismo, explorá-lo. Entendi que, por mais entusiasmo que tivesse, não conseguiria ficar no castelo sozinho. Negociei e vendi. Os três novos donos foram comigo e expliquei a eles como funcionava a porta do porão, o truque da cortina e da corrente e que, de fato, havia ali fantasmas que se divertiam assustando.

Parti do castelo e pensei: "Cheguei com tantas esperanças, por um tempo foi muito bom, mas aqui ficaram Maria e José. Parto sozinho. Adeus, castelo! Adeus, fantasmas! Tudo de bom para vocês!".

Fui para Paris, lá vendi as joias e as caixinhas, abri uma conta num banco, fiz o depósito e a transferência para mim para um banco no Brasil. Comprei uma passagem de avião e voltei.

No Brasil, procurei, em anúncios, um sítio para comprar no interior, longe do lugar em que morara, não queria ter contato com meus irmãos. Comprei, vim para o interior, gostei do sítio e da casa, instalei-me.

— Tudo vai ficar bem! Tudo! — repetia.

Mas não estava, sentia muita falta de Maria e do José e comecei a me preocupar: "Será que eles se tornaram fantasmas?".

Um vizinho sitiante desencarnou e um outro, que morava perto, ao me dar a notícia, exclamou:

— Antes ele do que eu!

Eu falava tanto isto, mas não estava pensando mais assim.

O sítio era perto de uma cidade pequena; vi que, na periferia, havia um centro espírita. Fui lá para perguntar sobre o que não entendia, e eles responderam e me explicaram:

— Não é certo designar espíritos como "fantasmas". Pessoas podem se perturbar ao fazer essa passagem do físico para o espiritual, uns não aceitam essa mudança de planos e podem ficar nos lugares que viveram quando encarnados. Se eles encontram entre os encarnados pessoas médiuns, podem usar da energia delas para fazer barulhos, tornarem-se visíveis.

Fui convidado para assistir uma palestra. Fui e gostei, o orador falou de Jesus. Quando terminou, uma senhora aproximou-se de mim e disse que um espírito queria falar comigo. Hesitei, mas, curioso, a acompanhei e entramos em outra sala. Outra mulher, que ali estava sentada, ao me ver, exclamou:

— Jacquer!

Assustei-me, sentei-me, prestei atenção, e ela continuou a falar:

— Muitas coisas não sabíamos, e você não sabe. Agimos como irresponsáveis, não dando valor nem sendo caridosos com os moradores desencarnados que conviviam conosco. Eu fui médium, e eles sugaram minhas energias. Tornei-me frágil, doente, por este motivo. Foi o preço que paguei. Não os respeitamos. Marie está bem, num local bonito, com sua mãe. Elas me ajudaram, e eu queria alertá-lo de que devemos respeitar os mortos da carne, os que estão vivos em espírito. Deixo um abraço. Vou embora.

A mulher se calou; eu saí do lugar e me encabulei. Como era possível? Não falara a ninguém que estivera na França; ela, a mulher, me chamara como eu era chamado lá. Como pode ela ter falado tudo aquilo? Com certeza fora mesmo José.

Dois dias depois, no horário que sabia que eles se reuniam, voltei, pedi desculpas por ter saído como fizera, expliquei que ficara impressionado e agradeci.

Fiz perguntas, que eles responderam, e me emprestaram livros para ler.

Passei a ir lá de vez em quando.

Estava com problemas, o sítio teria de ser produtivo, e, para isto, teria de trabalhar. Logo o meu dinheiro acabaria. Resolvi arrumar um emprego. Assim, me tornei professor de francês numa escola de línguas na cidade. Continuei a morar no sítio e ia para o trabalho de bicicleta.

Meu otimismo voltou, porém não era mais irresponsável. Namorei uma moça, professora, pensei até em me casar, mas ela desistiu.

Pensei muito, estava sozinho e quis ter amigos, esforcei-me para fazer amizades, fiz alguns amigos.

"Se eu morrer ou, como o grupo espírita afirma, desencarnar, será que me tornarei um fantasma? Se eu me tornar uma assombração, será bem feito."

Passei então a ir mais vezes ao centro espírita.

Desencarnei na minha casa no sítio. Senti-me mal durante a noite, levantei-me para tomar água, caí, fiquei ali no chão da sala caído, com dores, sem conseguir me mexer, senti por não ter ninguém para me ajudar. Sabia que não adiantaria gritar.

Perturbei-me quando comecei a sentir o cheiro ruim. Como não fui à escola para dar aulas, não faltava, um professor, meu colega, preocupou-se, resolveu ir à minha casa no sítio para ver o que acontecera e me encontrou morto.

A polícia foi chamada, o médico-legista constatou que estava morto havia cinco dias.

Nesses dias em que ali fiquei, me senti muito confuso. Dormia, acordava, tentava me levantar, cansava-me pelo esforço e dormia de novo. Quando pegaram meu corpo e colocaram no caixão, senti que fui puxado. Meu corpo físico foi, e eu fiquei, enterraram logo o meu corpo morto. Fiquei ali, me senti liberto, o mau cheiro sumira, pude me deitar na minha cama.

Fiquei no sítio, na casa fechada, sem entender direito o que me acontecera. Ouvi risadas e vi dois desencarnados de aparência feia. Eles, debochando, disseram que eu morrera.

— Agora, meu caro, você é fantasma! Alma penada! Assombração! Ordeno que assombre o sítio. Para morar aqui tem de merecer, pagar pela estadia. Assombre!

O sítio fora meu, na casa não tinha nada de valor, tudo era simples e não tinha herdeiros. Umas pessoas resolveram arrombar uma janela, entrar na casa para pegar o que tinha lá.

— Assuste-os! — ordenou um dos desencarnados. — Faça assim! — pegou a cama, levantou-a e a jogou no chão. Uma das pessoas tomava água, o outro empurrou o copo, jogando água nelas. Saíram correndo, gritando, e os dois gargalharam.

— Meu Deus! Virei um fantasma! Não queria isto para mim — desesperei-me.

— Ninguém quer ser fantasma — suspirou um dos desencarnados.

Três dias depois, uns garotos entraram no sítio para pegar umas frutas. Novamente, os dois desencarnados os assustaram, os meninos saíram correndo, gritando, e os dois se divertiram.

Quando eles se distraíram, eu corri e fui para o centro espírita. Entrei afobado, nem percebi que entrei com a porta fechada. Um senhor me atendeu, falei apressado:

— Morri, desencarnei e não quero ser fantasma! Socorra-me, por Deus!

— Sim, iremos ajudá-lo!

De fato me ajudaram, me socorreram, me levaram para um posto de socorro, onde estou até hoje. Minha mãe veio me visitar, ela me contou que meu pai reencarnou. Foi muita alegria rever Maria e José quando eles vieram me visitar. Nós três lamentamos ter errado, abusado de espíritos que vagavam.

— Realmente — concluí — é ruim ser fantasma!

Várias pessoas voltaram à minha casa, pegaram tudo o que tinha lá. O prefeito conseguiu burlar a lei, vendeu o sítio, ficou com a metade do dinheiro para ele, e os dois desencarnados foram embora.

Quis saber quem eram ou foram os fantasmas do castelo. José me contou:

— Luís, eu era médium, e eles sugaram minhas energias para se fortalecer, eles também o faziam com alguns visitantes. Quando eu desencarnei, quase que fiquei a vagar no castelo, se não fosse minha mãe e a sua a me tirarem dali. Tentamos, depois, ajudar os desencarnados que vagavam pelo castelo. Três pudemos socorrer. Uma moça que desencarnou ao fazer um aborto, ela fez vários, se sentia culpada, fora muito leviana e vagava pelo castelo, lugar em que morara, fora empregada, era a jovem que via chorando. Ela está no momento abrigada num posto de socorro. Outro que quis vir conosco fora um jardineiro que, de fato, apaixonara-se pela filha do proprietário do castelo; este senhor os separou, então o jardineiro matou a moça e depois se suicidou. O terceiro se vestia e agia como uma pessoa que fora importante, afirmava ser um conde, ora um príncipe, mas foi um simples serviçal do castelo. Todos ali tinham sua história. Um dos desencarnados que ficou no castelo e não aceitou nossa ajuda foi o pai desta moça, que não queria abandonar aquilo que fora dele e que pensava ser ainda. Outro fora um morador mau, fez muitas maldades. Também ficou uma ex-proprietária que gostava de pensar que ainda era a dona. Os novos donos não residem ali, têm empregados, organizaram e aperfeiçoaram os truques, e os desencarnados cooperam, se divertem assustando.

Arrependi-me por não ter tido respeito com os mortos do corpo físico. O "se" que me incomoda é este. Por que agi assim? "Se" não o tivesse feito, José não teria desencarnado jovem, ficado doente tendo suas energias sugadas. "Se" não tivesse feito isso, teria aprendido a trabalhar e não a enganar. Foi quando me senti fantasma que entendi que se devem respeitar os desencarnados, porque eles são gente que esteve viva e que morreu. Também não fiz caridades. Tratava bem os empregados, pagava o justo, o combinado. Mas não dei esmolas, não ajudei ninguém financeiramente. O certo é que sempre tratei bem os que conviveram comigo, meu pai, minha mãe, Maria e José, mas eu os amava. Além deles, não lembro de ter auxiliado ninguém. Ao falar isso, José me lembrou:

— Luís, você ajudou muitas pessoas com sua alegria, entusiasmo. Desde menino, na escola, não podia ver ninguém triste que ia alegrá-lo e conseguia. Como professor de francês, aconselhou e alegrou colegas e alunos. Sempre fez isso!

— Pode ser — lamentei —, mas queria ter feito mais. "Se" tivesse feito... Estaria me sentindo bem melhor!

Sinto ter agido assim.

Morreu? Antes ele do que eu! Mas minha vez chegou. E aí? Tornei-me um desencarnado!

Luís

— Luís, quais são seus planos para o futuro? — quis saber.

— Não fiz planos. Quero aprender a ser responsável, respeitar a todos; quando sentir que aprendi, aí farei planos.

— O que mais sentiu nessa sua vivência encarnada?

— Não foi fácil — Luís suspirou — ficar por dias caído ali, pensando ora estar encarnado, ora não sabendo o que acontecia. Desencarnei quatro horas depois de cair. Mas o que senti mesmo foi não ter respeitado desencarnados, querer que eles continuassem a ser fantasmas. De fato, este ato é o "se" que sinto.

— Agradeço-o por ter nos contado sua história.

— Eu que agradeço. Também tem uma coisa: "se" não tivesse sido assim, não estaria aqui relatando — Luís riu.

— Realmente. Mas poderia estar tranquilo na turma do "ainda bem". "Se" tivesse respeitado, tentado aprender...

— Compreendo — interrompeu Luís. — O senhor tem razão. Não quero ser fantasma nem explorar aqueles que vagam. Vou aprender para ajudá-los: onde tiver assombrações, irei lá para orientá-los. Até logo a todos!

Explicação do Antônio Carlos:

Os dois desencarnados que estavam na casa, no sítio, iam lá de vez em quando e já tinham escutado Luís pensar no que fizera; ele, por se arrepender, temia desencarnar e se tornar um fantasma. Os dois exploravam isto. É certo recebermos as reações que precisamos para um aprendizado. Os dois fizeram com Luís o que ele temia e pensava ser merecido. Se, caído, Luís tivesse pedido ajuda, orado, teria sido socorrido. Ele, depois, agiu com sabedoria, foi aonde podia ser auxiliado: no centro espírita que ia de vez em quando.

Infelizmente, muitas vezes somente entendemos o outro quando passamos o que ele passou ou passa.

Muitos desencarnados vagam. Normalmente por onde viveram encarnados e até onde gostariam de ter vivido. Infelizmente alguns se sentem presos ao que julgavam ser ou ao que gostariam de ter sido.

Ser pessimista é muito ruim, sofre-se esperando sempre o pior e normalmente faz-se sofrer aqueles com quem se convive. Ao ser otimista exageradamente, quase sempre se vive fora da realidade e é perigoso tornar-se irresponsável.

O difícil caminho do meio! Saber equilibrar todas as situações, ocasiões, nos problemas da vida. O melhor é ser otimista, mas não a ponto de não ver as dificuldades e resolvê-las.

Estar no caminho do meio é ver os problemas, resolver os que podem ser resolvidos, aceitar os que não nos cabem resolver, ver as pessoas como elas são e amá-las como são.

José pode ter abreviado seu tempo encarnado porque não lutou pela vida, desinteressou-se dela. Realmente, ao serem vampirizados, ao terem as energias sugadas, encarnados se sentem doentes e fracos, o que pode agravar doenças preexistentes. Dificilmente um encarnado desencarna por ser vampirizado.

Muitas pessoas não gostam de pensar que irão desencarnar, acham que é pessimismo pensar na morte. Mas ela existe, o corpo físico para suas funções.

Por que não pensar na desencarnação, no que ocorrerá quando acontecer? Podemos entender essa mudança de plano e não ficar vagando. É consolador pensar que podemos rogar por auxílio e aceitar o socorro. O "antes ele do que eu"... chega o dia do "eu". Então, por favor, não esteja como fantasma, não vague, não corra o risco e aceite a mudança de plano. Ao se defrontar com um desencarnado que vaga, tente auxiliá-lo com orações e, se possível, encaminhá-lo para um centro espírita para receber orientação, uma ajuda. Porque se fosse você que estivesse como fantasma, a vagar, seria com certeza o que gostaria que fizessem a você, oferecer ajuda. A todos, os que agora estão lendo este relato, desejo uma boa mudança de plano.

CAPÍTULO 8

O "SE" DE MAGALI

Magali deu seu depoimento num dos nossos encontros, foi breve, falou por uns dez minutos. Depois conversei com ela e a convidei para vir ditar à médium, mas recusou; pedi para escrever e me dar seus escritos, mas disse que não era boa em redação. Querendo ter no livro este "se", propus que eu escrevesse, então ela novamente ditou e, como dissertou, falou pouca coisa. Resolvi fazer perguntas e, aí, fluiu. Fiz primeiro o relato dela e, após, as perguntas com as respostas de Magali.

Nasci numa família unida, de classe média, e fui criada juntamente com um irmão e duas irmãs, com carinho.

Meu "se" é porque sempre coloquei a culpa de meus atos equivocados em outras pessoas. Era nos meus irmãos, primos, amigos, namorados, depois no marido, cheguei a fazê-lo até com filhos.

Descobri depois que podia pôr a culpa no demônio e nos obsessores. Tudo de ruim que me acontecia era alguém o culpado e, pior, sempre culpava alguém pelos meus atos, atitudes erradas. Claro que não deu certo, o marido se cansou, separamo-nos, me deixou com três filhos, e arrumei um namorado, que também não me suportou. Eu fui bonita, tinha bom gosto para me vestir.

Meus filhos também, cansados, saíram de casa. Arrumei um companheiro e fomos morar juntos. Deste, eu gostei, amava-o. Ele muitas vezes tentou me alertar. Nesta época os culpados eram os obsessores. Ele, para me ajudar, foi comigo a um centro espírita. Lá, as pessoas que trabalhavam tentaram me orientar, explicar que eu não era obsediada, porém que poderia, pelas minhas atitudes, atrair, para perto de mim, desencarnados mal-intencionados. Ele também não me aguentou e nos separamos. Desta vez eu sofri e culpei muita gente, até o dirigente do centro espírita e alguns médiuns.

Pelas confusões que fiz, afastei de mim meus irmãos, filhos, nora e genros.

Fiquei sozinha, adoeci, e ninguém acreditou nas minhas queixas, nem os vizinhos, que, por ter feito intrigas, fofocas, não gostavam de mim.

Senti-me mal de madrugada, me arrumei, chamei a ambulância e fui para o hospital. Era grave, fiquei internada, piorei, fui para a unidade de terapia intensiva (UTI) e desencarnei.

Fiquei vagando, primeiro pela minha casa; quando meus filhos tiraram tudo de lá, ela ficou vazia, escutei que a haviam vendido e que logo outras pessoas iriam morar lá, me desesperei. Vi homens fazendo reforma. Saí, fui peregrinar nas casas de meus filhos e irmãos. Fui parar no Umbral. Sofri muito e aí comecei a lamentar: "'se' não tivesse culpado outras pessoas", "'se' não tivesse agido assim". E agora me pergunto: "Se" não fosse assim, como seria?

Estou muito triste e tenho muito o que pensar.

Magali

— Magali, conte a primeira vez que você colocou a culpa em alguém — pedi.

Estava com nove anos. Fomos, meus pais, dois tios e tias com primos, passar duas semanas de férias numa casa alugada perto de um lago. Tudo estava maravilhoso, brincávamos muito. Um caseiro chamava nossa atenção, entendo agora que fazíamos coisas indevidas e éramos repreendidos. Coisas como: "não peguem frutos verdes", "não joguem pedras nos pássaros", "não subam nesta árvore" etc. Resolvemos fazer algo para ele em represália. Este caseiro tinha uma canoa que usava para atravessar o lago. Nós a furamos e ficamos brincando como se nada tivesse acontecido.

Duas horas depois, uma mulher foi pedir para que o caseiro a levasse para o outro lado do lago, onde havia uma cidadezinha, era para ela ir ao médico porque estava com dores fortes no abdome. O caseiro afirmou que a levaria, e os dois foram para a canoa. Ele se desesperou quando viu a canoa cheia de água.

— Foram estas crianças! — gritou ele.

Minha tia pôs a mulher no carro e foi levá-la à cidade, esperaria ela se consultar e depois a traria de volta. De carro, tinha que dar uma grande volta. Neste tempo, possuir carro, automóvel, era raro; meu tio tinha e também meu pai. Fomos nessa viagem nos dois veículos. Esta minha tia dirigia, algo mais raro ainda. Meu pai e tios, com o caseiro, tiraram a canoa d'água e concluíram que teriam de levá-la à cidade para consertar. Meu tio a levou. Colocaram-na em cima do cavalete com rodas e presa ao carro.

Nós, crianças, ficamos com medo e quietas. O fato aborreceu os adultos, e eles resolveram que depois, todos juntos, decidiriam o que fazer.

Minha tia chegou cansada, não almoçara; meu tio também demorou, mas trouxe a canoa consertada.

Primeiro nos fizeram pedir desculpas ao caseiro, pedimos. Ele nos desculpou e nos repreendeu:

— Isto não se faz, garotos, uso a canoa para fazer coisas úteis. Se não levasse aquela mulher à cidade, ela poderia até morrer, ela é minha vizinha e tem sete filhos.

Reunimo-nos, os adultos e as crianças, na sala.

— Quero uma explicação — minha tia estava brava. — Vocês perceberam o que fizeram? O caseiro tem somente a canoa como meio de transporte e ele ajuda as pessoas que moram por aqui. Tivemos gastos extras. Para ir à cidade, dá-se uma volta grande. Levei a mulher, esperei, gastei combustível. Gastamos com o conserto da canoa. Quem fez isto e de quem foi a ideia?

— De todos — uma prima respondeu.

— Eu não! Eu não fiz nada, fiquei olhando — defendi-me.

Não era verdade. Mas deu certo. Meu irmão, que era mais velho, levou uma surra; minha irmã foi defendê-lo e apanhou também; e a outra irmã também foi castigada. Meus primos também levaram palmadas, somente eu que não. Ficamos todos de castigo, vinte e quatro horas dentro de casa.

Tudo começou daí, a culpa era sempre de alguém. Meus irmãos eram unidos e, pelas minhas atitudes, que estava sempre os delatando e os culpando, não gostavam de mim e nem eu deles. Fiz isto com amigos, colegas de escolas, e estava sempre mudando de amigos. E me safava sempre. Passei a ser discriminada por fazer fofocas, fiz muitas encrencas e pessoas brigarem. Separei uma prima do namorado e minha irmã do moço que gostava, até que não acreditaram mais em mim. Teve uma época que fiquei mesmo sozinha, a família não me queria por perto, aí arrumei um namorado e fiz tudo para conquistá-lo. Casamo-nos.

Houve uma pausa, depois perguntei:

— Magali, gostaria que continuasse a contar. O que ocorreu depois que se casou?

Namorando, noivando, tentei ficar bem com a família dele; depois comecei a fofocar e de um modo que fiz meu marido pensar que eu era a vítima. Deu certo por uns tempos, mas nada que não é verdadeiro perdura. Começamos a brigar, mas tivemos três filhos, um garoto e duas meninas. Primeiro separamo-nos dentro de casa, os filhos gostavam do pai e tinham medo de mim; quando cresceram, perceberam que eu era difícil. Com eles maiores, meu marido foi embora de casa.

Continuei sempre colocando a culpa em alguém; nesta época, o fiz no diabo, mas isto fez com que algumas pessoas tivessem medo de mim, as vizinhas, a família. No começo achei bom, divertido, depois me senti mais discriminada. Minha filha me levou a uma igreja, isso sem eu saber, me disse que queria que eu fosse com ela ver um vestido. O padre nos esperava junto com dez pessoas: me colocou numa cadeira, me cercaram e exorcizaram. Nada aconteceu. O padre explicou para minha filha:

— Sua mãe não tem perto dela nenhum demônio. Ela que pode ser um demônio, ou seja, é ela mesma que é assim.

Briguei muito com esta filha, bati em seu rosto. Ela foi morar com o pai. Foi nesta época que meu filho também saiu de casa para morar numa república, e minha caçula, com a avó paterna.

Gabei-me de morar sozinha, mas não gostei. Arrumei um namorado, distraí-me, viajei, sentia-me bem; para mim estava bom, quando ele terminou comigo. Fiquei sozinha, meus filhos casaram e avisaram que não era para fofocar mais com eles. Namorei então um viúvo, tinha filhos, mas casados. Deste eu gostei, e muito. Fomos morar juntos. Fofocar, fazer confusão era para mim um vício que, agora entendo, não fiz nada para modificar. Comecei a fofocar com os filhos dele, e a culpa era dos outros. Comentaram com ele que eu poderia estar sendo obsediada. Fomos a um centro espírita e para mim foi ótimo, porque encontrei alguém para culpar: os obsessores.

Ele, meu companheiro, gostou de ir ao centro espírita, me obrigava a ir, assistir palestras, tomar passes, fazer cursos. O dirigente explicou:

— A senhora, por duas vezes, tinha perto desencarnados afins, mas não obsessores. Aprenda, dona Magali, faça sua melhora íntima para estar bem.

Não queria ficar sem culpar alguém, naquele momento tinha de ser os obsessores. Continuei arrumando confusões com vizinhos, família e, pior, com os filhos dele. E foi por isto que ele não suportou. Foi embora, não adiantou eu prometer, chorar. Saiu de casa. Ele se tornou espírita, ficou sozinho por uns tempos, depois arrumou outra pessoa. Sofri.

— Magali, você não aprendeu nada no centro espírita? Depois que se separou deste senhor, não voltou mais à casa espírita? — quis saber.

Nesse que ele frequentava, após nos separarmos, fui uma vez somente. Depois dos passes, quando a maioria das pessoas saiu, xinguei o dirigente e uns médiuns. Disse que não recebera a ajuda que pedira, que eles eram pessoas más etc.

Escutaram calados; depois o dirigente, com calma, tentou me explicar e também me deu uma lição:

— Que pena, senhora, que não aprendeu nada! Não somos perfeitos, mas estamos nos esforçando para nos melhorar. Se quiser voltar aqui para receber ajuda, é bem-vinda; se não for assim, por favor, é melhor não voltar. Porém, não podemos fazer o que compete ao outro, não podemos fazer para a senhora a sua reforma íntima. Boa noite!

Saí enfezada. Passei a ir em outro centro espírita e gostei de me fazer de vítima e receber atenção. Era a pobre obsediada. No começo dava certo, depois fui convidada a fazer trabalho assistencial voluntário, a estudar, e não aceitei. Assim fui em muitos.

— Não ficou nada mesmo destas idas a centros espíritas em você? — insisti.

— Uma vez estava esperando para receber o passe, e um senhor me deu um folheto; li e reli, penso que esta leitura me incomodou; levei o folheto para casa e o li algumas vezes, depois devo ter jogado fora. Há pouco tempo, lendo *O Evangelho segundo o espiritismo*, de Allan Kardec, encontrei este texto. Tenho aqui marcado. Posso ler para você?

Magali tirou o livro da mochila que trazia consigo.

— Claro, gostaria muito — concordei.

Magali leu o capítulo doze, item quatorze.

— "Que juízo farão de mim, costumais dizer, se eu recusar a reparação que se me exige, ou se não a reclamar de quem me ofendeu? Os loucos, como vós, os homens atrasados vos censurarão; mas os que se acham esclarecidos pelo facho do progresso intelectual e moral dirão que procedeis de acordo com a verdadeira sabedoria... Quando a caridade regular a conduta dos homens, eles conformarão seus atos e palavras a esta máxima: 'Não façais aos outros o que não quiserdes que vos façam.' Verificando-se isso, desaparecerão todas as causas de dissensões".

Magali fechou o livro, chorou e eu a consolei. Quando se acalmou, pedi para continuar. Fiz mais uma pergunta:

— E aí, o que aconteceu?

Fiquei sozinha. Meus filhos me davam poucas notícias, nos víamos pouco, assim como os netos; os vizinhos nem me cumprimentavam e nem a família. Estava com quarenta e sete anos, era diabética, mas me recusava a ser; quando me sentia mal, tomava remédios. Uma noite, acordei de madrugada com forte mal-estar, me troquei, chamei a ambulância e fui para o hospital; fiquei internada, meu coração estava com os batimentos irregulares.

Piorei, fui para a UTI. Soube que avisaram meus filhos e que meu filho fora cedo ao hospital. Eles foram me visitar, mas eu não os vi. Desencarnei. Não me lembro de nada, me pareceu que dormira; acordei muito perturbada, confusa e fui para casa, lá fiquei sozinha. Vi também, sem entender, meus filhos tirarem tudo de casa, escutei-os falar que eu havia morrido, que venderam a moradia e que o dono ia reformá-la. Quando vi homens entrando nela e eles não me viram, entendi que falecera, desencarnara. Resolvi ir à casa de uma das minhas irmãs, a que morava perto e aí...

Magali fez uma pausa, suspirou, e eu insisti:

— Continue, Magali, por favor: não é somente pela curiosidade da história, é que penso que se sentirá melhor desabafando.

— Tem razão, estou contando a você de forma sincera e ainda não culpei ninguém, é nisto que foco, não quero mais fazê-lo. Estou me sentindo acolhida por você, e isto me emociona.

Infelizmente, fui à casa de minha irmã, entendi que morrera e que ninguém iria me ver. Gostei de ficar na casa dela, mais ainda quando percebi que, ao ficar perto de um deles, sentia-me melhor, sem fome, sede, e, que podia, se me esforçasse, irritá-los. Isto foi depois que ouvi minha irmã falar ao meu cunhado:

— É feio eu comentar isto, mas a Magali não faz falta nenhuma. Foram poucas pessoas ao velório, teve poucas flores e penso que algumas pessoas ficaram contentes com a sua morte. Eu não sinto falta dela!

Passei a fazê-los ficar nervosos e a brigar por motivos insignificantes, até que escutei de minha irmã:

— Credo! Parece que Magali está aqui! Virgem Mãe! Vamos parar com essa discussão! Estamos bem e nos amamos.

A briga terminou, e minha irmã foi orar. Resolvi ir a outras casas. Fiz isto com as dos filhos, vizinhos e das outras irmãs e, em cada lugar que ia, além de sugar as energias deles, tentava fazê-los brigar. Fiquei assim por meses. Uma tarde, estava tentando provocar uma confusão na casa do meu irmão; quando ele saiu e foi a um bar, resolvi acompanhá-lo e, lá, desencarnados trevosos me pegaram e me levaram para o Umbral. Aí sofri...

Magali chorou novamente. Consolei-a, e ela voltou ao seu relato:

Lá fui tratada com maldade, com grosseria, fiquei presa num cubículo com outros seis desencarnados à espera de um julgamento. Fomos, depois de dias, não soubemos precisar quantos, a um salão, onde estavam muitos desencarnados que pareciam estar à vontade ali e se divertiam, eram os moradores daquele estranho e macabro lugar.

Num local de destaque, parecido com um trono, estava um espírito que mandava, alguém importante para eles. Fomos colocados à frente dele. Senti muito medo e estremeci quando ele se dirigiu a mim.

— A madame fofocou. Seu castigo é ficar sem falar. Coloquem nela a tala cinco.

Rindo, dois desencarnados colocaram em mim uma mordaça de ferro, que era assim: pegava debaixo do nariz e ia até o queixo, tampando totalmente minha boca; essa tira afinava perto da orelha, passava debaixo delas e contornava a minha cabeça. Uma outra faixa, fina, subia pelo meu nariz, passava entre os olhos e se unia à outra na minha cabeça. Impossível de tirar. Foi também colocada uma corrente de cinquenta centímetros que unia meus pés.

Fui levada para a periferia daquela estranha e feia cidade. Ali fiquei com um grupo de desencarnados, todos julgados e condenados pelo chefão. Agrupamo-nos num barracão, ficamos presos. Sofremos muito: pela fome, sede, frio, por estarmos sujos; ali, muitos ficaram desequilibrados, falavam muito, e eu não podia falar. Uma mulher ficava mais perto de mim. Ela falava, e eu escutava e, pelo que ouvi, entendi que estava num local umbralino, ruim, e que lá estavam pessoas que agiram errado. Era como o inferno, e aqueles ali que mandavam não eram demônios, mas espíritos de pessoas muito más. Esta mulher contava que estava ali por ter feito quatro abortos e por ter incentivado outras mulheres a fazê-lo. Afirmava que estava se arrependendo, porém dizia:

— Mas como ter aqueles filhos? Não podia...

Comecei a me arrepender e a lamentar as desavenças que provocara, as fofocas que fizera. O remorso foi aumentando, a dor me fez compreender e entender o meu castigo. Aquele objeto de tortura no meu rosto me fazia lembrar de como usara mal o dom de falar. Não conseguia chorar, lágrimas não saíam dos meus olhos. Sofri. Estranho, ali se perdia a noção do tempo, nenhum de nós sabia dizer se era dia ou noite ou se passara muito ou pouco tempo. De vez em quando, buscavam algum de nós ou alguém sumia e não voltava. Quando buscavam, era para fazer alguma tarefa; quando sumiam, haviam sido socorridos. Soube disto depois. Buscaram-me.

Com a pausa mais demorada, insisti:

— Magali, continue, por favor: O que aconteceu?

— Se está perguntando é porque quer saber. Sendo assim vou contar.

Fui levada ao centro da cidade umbralina, entramos num salão, tiraram a mordaça, e eu fiquei quieta, estava com muito medo. Um desencarnado falou para mim:

— Está aqui, faladeira, por ter feito muitas discórdias, e você foi encarregada de fazer mais uma. É o seguinte: o chefe quer que uma família brigue entre eles, que este lar tenha discórdia. Vamos levá-la lá. Tem de obedecer, senão apanhará de chicote. Assim, olha — me deu três chicotadas e, na primeira, eu caí, doeu muito. Ele me levantou e continuou a falar:

— Se fizer tudo direito, o chefe sabe agradar e não apanhará. Você deve ficar na casa, poderá sugar as energias deles e se sentir alimentada; não terá mais sede, frio etc. Não conseguirá sair da casa. Está vendo isto? — confirmei com a cabeça; era uma algema de ferro no meu tornozelo. — Se você sair, seremos informados, e aí seu castigo será terrível. Seu trabalho é fácil. Terá de fazê-los brigar, principalmente o casal.

Não conseguia falar nada. Eles volitaram comigo. Paramos em frente a uma casa confortável, grande, embora não fosse luxuosa. Entramos. Foram dois desencarnados comigo, e um deles completou a ordem:

— Pode andar pela casa e trate logo de fazer o que foi ordenado. Voltarei aqui e quero ver algum progresso.

Andei pela casa e, no jantar, conheci todos os moradores daquele lar. Marido, esposa e um casal de filhos. Aproximei-me deles e me senti saciada, suguei as energias da família. Senti-me melhor, escolhi o sofá da sala para deitar, gostei muito de poder deitar em cima de algo macio e limpo, dormi. Acordei no outro dia escutando conversas alegres dos filhos se arrumando para ir à escola e do casal se preparando para ir trabalhar.

Pensei muito, era uma família que parecia estruturada, como algumas que fizera ter desavenças. Não queria fazer mais isso. Entendi que era maldade, porém não sabia como agir, então não fiz nada. O desencarnado trevoso que me levara, dois dias depois, foi me ver e, como não fizera nada, ele me surrou, fiquei muito machucada. Foi embora. A mulher, dona da casa, lecionava no período da manhã, à tarde ficava em casa. Com dores, humilhada e sem saber o que fazer, chorei, e ela chorou também. Aí aquele desencarnado voltou e falou:

— É isto, fofoqueira: ou você usa do que sabe e faz a desarmonia ou irá apanhar para sofrer e dar a esta encarnada a angústia que sente. O que prefere?

— Vou fazer o que vocês estão mandando.

Mas não queria. No tempo em que ficara presa com a mordaça, pensei muito e compreendi o tanto que agira errado. Não sabia o que fazer. Acabei fazendo os dois adolescentes brigarem, e por isto o casal discutiu.

Quando o desencarnado que me cobrava voltou, me elogiou e ordenou que continuasse. Fui para o canto do quintal e chorei muito. Por não ter feito mais nada, levei outra surra.

A mulher estava inquieta, ela estava desconfiada de que o marido a traía. Eu, perto dela, melhorava tanto da minha agonia como das dores. Esta senhora se ajoelhou para orar diante de uma imagem de Nossa Senhora. Também ajoelhei e pensei no homem que amara e que se tornou espírita, foquei meu pensamento nele. Adormeci ou passei por uma dormência; quando percebi, estava no centro espírita, o mesmo a que fui muitas vezes.

— Mas esta é a obsessora? — escutei alguém, um desencarnado, comentar.

Fiquei num canto pensando: "Eu falava tanto que tudo era obsessão e estava agindo como obsessora".

Uma senhora, trabalhadora desencarnada daquele local, sorriu para mim; quis falar para ela da tornozeleira, olhei para o meu tornozelo e não a vi.

— Nós a tiramos — ela explicou, pegou na minha mão e me levou para outro cômodo. — Tome banho, Magali, troque de roupa, virei buscá-la para se alimentar.

Sabia destas comodidades, porque ali mesmo ouvira falar. Que gostoso me banhar! Ainda doíam no meu corpo perispiritual as pancadas das surras e tinha o rosto ainda marcado da mordaça. Com roupas limpas, me senti bem. A mesma senhora foi me buscar, me levou para um refeitório e me alimentei. Depois ela conversou comigo:

— Magali, você sabe o que aconteceu com você, penso que não precisa receber orientações nos nossos trabalhos de ajuda aos desencarnados. Quando você orou, pediu auxílio para um dos nossos companheiros encarnados, fomos lá e a socorremos. Você quer mesmo nosso auxílio? Quer ficar conosco? Aqui tem normas.

— Por Deus, quero, sim. Prometo obedecer em tudo. Agradeço e... — parei de falar. A senhora indagou:

— O que é, Magali? O que a preocupa?

— Aquela família em cujo lar eu estava. Não sei ao certo o porquê de estar lá, tinha de cumprir ordens, estas marcas — mostrei a ela— são de surras para que fizesse meu trabalho, que era fazê-los brigar. Não queria prejudicá-los. Será que vocês não podem ajudá-los?

— O que estavam fazendo quando a trouxemos para cá? — perguntou a senhora.

— Orando, ajoelhadas, a dona da casa e eu, em frente a uma imagem de Nossa Senhora.

— Você orou com sinceridade. Orações com fervor não costumam ficar sem resposta. Pelo seu ex-companheiro, que hoje faz parte da nossa equipe encarnada, recebemos seu apelo; foi buscada porque a encontramos receptiva para receber. A família, a mulher, também recebeu auxílio dos espíritos que trabalham na Legião de Maria, que ajudam, socorrem, em nome da mãe de Jesus.

— Como a ajudarão? Estou de fato preocupada, quando aqueles maldosos perceberem que eu não estou mais lá talvez eles venham atrás de mim. Meu castigo será terrível. Não sobrará para vocês?

— Que bom que se preocupa conosco, isto é sinal de que de fato está apta para receber nossa ajuda. Penso que eles não virão atrás de você, mas, se vierem, não tem por que se preocupar, sabemos bem nos defender. Quando eles forem à casa em que estava, verão desencarnados da Legião de Maria e, com certeza, se afastarão e, como quase sempre acontece, desistirão de prejudicá-los, mas, se insistirem, muitos deles serão pegos e levados a uma sessão de desobsessão, e aí, o grupo, a cidade ficará com menos habitantes. Pelo que tenho percebido são muito poucos umbralinos que ousam desafiar a Legião de Maria. A família está protegida. Você irá para um posto de socorro hoje à noite. Fique aqui, pode ir ao refeitório; se quiser, pode pegar um livro para ler, mas não saia.

Agradeci, mas fiquei com medo; se eles me pegassem, não sei como seria castigada, o castigo deveria ser terrível. Não consegui me concentrar na leitura e, à noite, fui para um posto de socorro. Meus ferimentos ainda doíam, parece que eles me alertavam que tinha de obedecer e ser grata ao auxílio que recebia. Amei o posto, esforcei-me para me adaptar, quis ser útil e fui fazendo pequenas tarefas, assistindo a todas as palestras e participando de grupos de orações; não senti mais dores, e minhas cicatrizes sumiram. Passei de fato a ser útil.

— Não quis saber o que aconteceu com você no Umbral? — perguntei.

— Sim, soube. Senti dores dos castigos porque a culpa é um fator para que isso ocorra. Eu e os outros desencarnados que receberam castigos estávamos recebendo reações. Com inocentes isso não acontece. Ali, no Umbral, tudo o que eles usam é feito de materiais plasmados, como é nas colônias, postos de socorro. Eles plasmam chicotes, aparelhos de tortura etc. Senti como se estivesse encarnada e sendo surrada com um chicote, porém o físico é mais frágil, ele padece pela morte de suas funções orgânicas; o perispírito não, sente a dor, mas não morre. Ali, onde fiquei presa, havia três grupos: os que se arrependeram, de que eu fiz parte; os revoltados; e os que esperavam integrar a equipe dos maldosos e até faziam planos de como iriam agir para serem maus. Tudo aquilo é muito triste. Penso que nunca esquecerei.

— Como está sua vida no posto de socorro?

— Tenho me esforçado muito para não fazer fofocas. Por duas vezes ia fazer, lembrei-me da mordaça e parei. Uma vez fiz: falei a uma trabalhadora novata que ela não estava varrendo direito o pátio e que fora nossa orientadora quem comentara. Aí senti a mordaça, corri até ela, desmenti e pedi perdão. Triste, quis ter a mordaça novamente. A orientadora me esclareceu que não precisava tê-la no meu rosto e que seria bom que eu a tirasse de minha mente, que meu esforço deveria ser para não fazer mais fofocas. Fiquei então atenta, e isto não mais aconteceu. Espero que eu não faça mais.

— Quais são seus planos para o futuro? — quis saber.

— Sei que terei de reencarnar, mas não faço planos para isto. Quero mesmo é ser uma ótima trabalhadora no posto que me abriga.

— Você sabe de sua família? Já os visitou?

— Sei deles — Magali respondeu. — Estão todos relativamente bem, com os muitos problemas que os encarnados têm. Estou, sinto-me separada deles. Encarnada, não os tive como afetos. Eles não guardaram mágoas de mim, somente duas vizinhas. Não os visitei nem penso em fazê-lo. Sou grata por eles não sentirem raiva de mim, porém raramente algum deles se lembra de mim. Tenho orado por eles e desejado coisas boas a todos. Se tiver a oportunidade, se eu puder, gostaria de ajudá-los.

— Como o "se" a incomoda?

— Arrependo-me — Magali respondeu depois de ter feito uma expressão triste — das maledicências que fiz, e muito. Mas o "se" que mais me incomoda é o de ter colocado a culpa em outras pessoas. "Se" não tivesse feito isso, "se" tivesse assumido meus atos, talvez fosse castigada e aprendido a não agir errado. Culpar alguém não justifica nossas atitudes equivocadas.

— Agradeço-a por ter respondido às minhas indagações — abracei-a.

— De nada e obrigada por ter me tratado com tanto carinho.

Explicações do Antônio Carlos:

Magali pôde peregrinar pelos lares dos parentes porque esses não estavam protegidos por orações e boas atitudes. Depois, algo que acontece muito, encarnados agem diferente em presença de desencarnados. Se o espírito é conhecido, familiar, sua presença é aceita, repelem mais aqueles que desconhecem. É como o encarnado que recebe visitas de quem conhece, do seu convívio, e não deixa entrar no seu lar desconhecidos.

Nem todas as localidades, agrupamentos, cidades no Umbral, têm julgamentos. Quando são realizados, aquele que julga tem normalmente conhecimentos e basta ele olhar para o desencarnado à sua frente, que está sendo julgado, para saber o que ele fez de errado. Como Magali contou, isso ocorre por ter o réu agido errado.

Magali contou que se arrependeu no período em que esteve presa, mas não orou, não pediu perdão, não chamou por socorro. Disse que alguns presos sumiam: uns eram levados para fazer alguma tarefa, e outros, socorridos pelos trabalhadores que servem, com muito amor e após anos de estudo e experiência, no Umbral. Porém alerto que este socorro não é feito de imediato, "pede e consegue". Primeiro porque faltam trabalhadores do bem em todas as áreas de socorro; depois, para ir às cidades umbralinas e às suas prisões, tem de se fazer um planejamento e esperar uma ocasião propícia. Magali foi socorrida quando se fez receptiva para receber.

Que decepção sentem aqueles que colocam a culpa de seus atos equivocados em outras pessoas. Raramente são aceitas estas justificativas. Se encarnados são enganados, isso não ocorre no Plano Espiritual. Encarnados culpam outros encarnados, e às vezes inocentes levam o castigo. Mas aqui não estamos contando histórias dos que receberam essa injustiça. Quem leva a culpa inocente, com certeza, recebe uma reação. Se isto o levou a um sofrimento maior, pequenos fatos fazem parte de um aprendizado: recebi isto e não quero nunca fazer algo parecido. Num destes encontros, um dos convidados contou que levou a culpa por um crime que não cometera, que um pseudoamigo, que ele considerava muito, o culpou por um assassinato cometido por ele. Ficou dezesseis anos preso e desencarnou na prisão. No começo se revoltou, depois tentou fazer o bem na prisão e, quando desencarnou, foi socorrido, perdoou e está no grupo do "ainda bem". Embora Magali não tenha cometido nenhum ato tão grave como fez o pseudoamigo deste que ficou preso, ela, com sua maledicência, fez muitas pessoas sofrerem e, consequentemente, sofreu, e muito, no Umbral.

Tenho visto, infelizmente, muitas pessoas culparem outras. É mais fácil que assumir seus erros. Como já culparam o demônio, o capeta, lúcifer e as diversas denominações que dão aos opositores do bem. Por estar trabalhando com equipes de socorro, escuto culparem os obsessores. De fato, existem obsessões, e estas normalmente têm motivos. Cabe ao obsediado entender seus atos errados, pedir perdão e sair, pela boa conduta, da faixa vibratória do obsessor, e isto ocorre mais facilmente quando o obsediado faz caridades. Dizem: "fiquei nervoso", "ofendi" etc. "por causa do obsessor". Alerto que todos nós, no caso obsessores e obsediados, temos o livre-arbítrio, escutamos a quem queremos ou nos afinamos. Mesmo obsediado, tem-se responsabilidade pelos seus atos, embora sejam levados em conta muitos fatores. Nossas ações são nossas, e as do obsessor também são dele; obsediando, age-se com uma maldade que não tem justificativa e se recebe o retorno de seus atos. Cabe ao prejudicado perdoar. O melhor é amadurecer, entender o erro cometido, repará-lo e não colocar a culpa em ninguém. Somos donos dos nossos atos, e felizes os que são donos de ações boas. São muitos os ricos em atitudes edificantes, e estes são gratos: "fiz essa obra, mas recebi ajuda de...". A turma do "ainda bem"!

CAPÍTULO 9

O "SE" DE IRACI

Soube que eu me chamava Iraci quando fui para a escola, ao ser matriculada. Fui criada por uma mulher que eu pensava ser minha avó materna, Zélia, que todos chamavam pelo apelido: dona Zu. Sempre morei numa favela, num aglomerado de casinhas e barracos, o lugar era conhecido pelo nome de um país que estivera em guerra e não adiantou receber o nome de um papa, todos chamavam o lugar pelo antigo nome.

Nossa casinha era arrumada e muito limpa. Tinha dentro três repartições: sala e cozinha; um quarto; e banheiro. Havia água, que era recebida por uma mangueira de borracha, que enchia uma caixa. Vó Zu foi, aos poucos, arrumando seu lar, ela sempre morara ali.

Quando vovó foi me matricular, assustou-se e justificou que, por não enxergar direito, isto era verdade, não conseguira ler meu registro e que, para ela, eu me chamava Araci. O fato é que ela era analfabeta. Assim, na escola, eu era a Iraci e, para o resto, conhecidos e vizinhos: Araci.

Sempre, penso que desde nenê, vó Zu me levava para esmolar. Tínhamos horários para sair, ela vestia a si mesma e a mim de forma simples, e saíamos pedindo esmolas. Recebíamos mais do que necessitávamos; por isso nossa casinha era arrumada e nada de essencial nos faltava.

Vó Zu me tratava muito bem, cuidava mesmo de mim. Foi com dez anos que descobri que ela não era minha avó, ela não tivera filhos. Contou então que escolhera esta profissão, chamava esmolar de trabalho, desde pequena; depois adulta, alugava crianças para pedir. Era, como ela dizia, um negócio: ela saía com crianças, pedia esmola, as crianças a chamavam de mãe, depois de vó, e, no final do dia, ela dava uma porcentagem do que ganhava para as mães, que, de fato, eram pobres, miseráveis. Vó Zu tratava bem as crianças e elas a amavam; até depois de adultas, elas gostavam dela.

Ela me alugou e foi ficando comigo; um dia, estava com um ano e oito meses, minha mãe foi embora e nunca mais voltou, ela se mudou para outra cidade com um homem. No meu registro, tinha somente o nome de minha mãe.

Era estudiosa, amava estudar, era uma das primeiras da classe, minhas notas eram excelentes. Vovó fez questão de me matricular numa escola longe do lugar que morávamos. Foi no terceiro ano que os colegas ficaram sabendo que minha avó e eu pedíamos esmolas. Eles riram de mim. Tive sorte que, tanto na terceira quanto na quarta séries, as professoras impediram que eu sofresse gozações, fosse ridicularizada.

Sempre fui pequena, magrinha, mas era saudável, e todos pensavam que eu era mais nova.

Minha rotina era assim: levantava; tomava o café da manhã; ajudava vovó, ela lavava nossas roupas num tanque comunitário; limpávamos nossa casa, que estava sempre limpa; nos vestíamos para trabalhar, ou seja, esmolar, e usávamos para isto roupas limpas, mas velhas e remendadas. Quando fui para a escola, pedi, e vovó me atendeu, para não ir perto das casas de colegas, sentia vergonha. No período de aulas, vovó fazia o serviço de casa sozinha e, quando voltava da escola, íamos esmolar.

Estava com dez anos, e vovó alugou mais duas crianças para se juntarem a nós.

Aprendi com ela a mendigar. Muitas vezes fiquei em frente a locais onde vendiam material escolar e pedia, assim tinha cadernos, livros e estojo, que eu cuidava com muito carinho. Meu sonho era continuar estudando, ser professora, mas foi somente um sonho.

Com mais idade, passei a fazer o serviço de casa para vovó, que ia com duas a três crianças esmolar.

Com quatorze anos fui trabalhar no bar perto de onde morávamos, trabalhei até os dezesseis anos. Com quinze arrumei um namorado, que morava ali também, fiquei grávida e por isso saí do emprego. Fomos morar junto com a vó Zu, fizemos mais um quarto. Tive um menino e, um ano e seis meses depois, outro menino.

Meu companheiro arrumou um emprego numa outra cidade e queria que eu fosse com ele; recusei por dois motivos: primeiro, já não gostava dele; segundo, não queria deixar vovó sozinha.

Ele foi embora e voltei a esmolar, agora vovó, eu e os meus dois filhos. Fiquei três anos sem envolvimentos amorosos; meu caçula estava com cinco anos quando me enamorei de um jovem muito bonito, mas bandido, um ladrão. Fiquei grávida, e ele morreu, foi assassinado. Tive meus filhos no hospital e, desta vez, a terceira, passei muito mal, a criança estava sentada, o médico fez uma cesariana. Usei o que sempre fizera: roguei, pedi, implorei, e o médico fez a laqueadura. Menti que era meu sexto filho. Assim, tive somente três filhos, a última foi uma menina.

Vó Zu estava velha, quase não aguentava mais esmolar, eu ia com meus filhos. Como ela cuidou de mim, eu cuidei dela. Ela desencarnou e eu senti muito. Esmolava com meus filhos. Na idade certa, os matriculei na escola e, para eles não sentirem o que senti, as gozações, matriculei-os numa escola mais distante e não os levei mais para pedir esmolas. Aluguei então crianças.

Meus dois filhos, quando adolescentes, um com dezesseis anos e o outro com quatorze, foram morar com o pai, ele ia de vez em quando para vê-los, levava presentes e nos dava dinheiro. Contou que, logo que se separara de mim, arrumara outra companheira e que separara dela, que ia levar os filhos, tinha uma casa boa e ia ensiná-los a trabalhar. Meus dois filhos foram embora; por três vezes, os dois foram me visitar e, na segunda, foram de carro, que era deles. Os dois trabalhavam com o pai na construção civil e ganhavam bem. Depois da terceira visita, escreveram que iam se casar e que seria difícil irem me ver. De fato, não voltaram e escreveram apenas algumas vezes.

Minha filha ficou comigo, esmolou comigo até ir para a escola, matriculei-a longe do lugar que morávamos. Ela ficou mocinha, muito bonita, se parecia com o pai e se tornou prostituta. Ainda bem que não teve filhos. Eu não queria que ela tivesse este procedimento, ela afirmava ser uma profissão. Ia de vez em quando me ver e se preocupava comigo.

Continuei a esmolar, ficou mais difícil fazer o que me acostumara, bater de porta em porta. Nesta época tinha assistência social da prefeitura, que cadastrava os mendigos, eles iam às casas ver o que acontecia. Fingi-me de doente, que estava acamada, recebi alimentos. Na segunda vez que a assistente foi me visitar, eu estava esmolando, então ela concluiu que eu não precisava e parou de me ajudar. Minha filha, se eu pedia, me dava dinheiro, mas continuei a esmolar.

O que quero contar é que abusei. Aprendi com vó Zu a fazer isto. Trabalhei, mas por pouco tempo, poderia ter continuado, ter voltado a ser empregada no bar, após ter tido meu filho, ou fazer faxinas, ter tentado outro emprego, escrevia bem e sabia matemática. Mas, infelizmente, esmolar dava mais e era mais fácil. Vó Zu fazia disto uma profissão, um trabalho. Dizia:

— Vou sair para trabalhar — vestia-se diferente, afirmava que era para comover, para enganar.

Poderia ter ido embora com o pai dos meus dois filhos; com certeza, se tivesse ido, teria parado de mendigar. Este "se" me incomodou, incomoda. Depois, alugava crianças, mas, como vó Zu, as tratava bem, cuidava delas, até as levava ao posto de saúde para serem vacinadas, as levava em consultas médicas, dizia ser a avó e que a mãe morrera. Depois não consegui mais alugar crianças. As mulheres já não tinham tantos filhos, e cons-truíram creches, onde as crianças passavam o dia e as mães po-diam trabalhar. Até aquele aglomerado melhorou, as casinhas eram melhores e havia poucos barracos.

Não tive vícios, não fumava ou bebia. Mas envelheci preco-cemente, talvez porque atraiamos para nós o que fingimos ser. Para esmolar com crianças alugadas, me passar por avó, me fazia de velha.

Adoeci, fui ao posto de saúde e senti a falta de atenção deles para comigo, talvez porque eles soubessem que inventava doenças. Receitavam ou me davam remédios sem exames. De tanto in-sistir e afirmar que estava mesmo sentindo dores, marcaram os exames, mas, para fazê-los, demorava. No dia marcado, fui, e o aparelho havia quebrado, então remarcaram. Recebi medica-mentos que não estavam fazendo efeito.

Sentia fraqueza para andar e pedir esmolas, sofria com muitas do-res. Às vezes vomitava, emagreci e passei fome. Foram muitas as vezes que, ao esmolar, dizia que tinha somente para comer, eu e os filhos ou netos, pão duro, e foi o que passei a comer, amolecia-o na água. Fiquei assim por seis meses: melhorava, saía para pedir esmolas, mas não conseguia andar muito, re-cebia pouco, piorava, ficava em casa e não tinha o que comer.

No dia marcado para fazer o exame, estava me sentindo muito mal. Não encontrei ninguém para ir comigo, todos estavam trabalhando. Pedi para o dono do bar, e ele foi sincero ao negar:

— Não posso fechar o bar para levá-la. Não sei se você está fingindo ou não — não consegui ir.

Não pude esmolar quando, de fato, precisei. Para enganar, dizia-me ser doente, fiquei pior do que mentia ser. Piorei, não conseguia levantar do leito, fiquei na cama por três dias, suja, com frio e fome. Os vizinhos se preocuparam, forçaram a porta, fizeram exames e constataram que estava com câncer em estado grave. Foi depois de cinco dias internada que minha filha foi me visitar. Pedi para ela que, quando eu morresse, que vendesse meu barraco. Ali não havia escritura, venda e compra eram de boca. Minha filha, sabendo pelo médico que meu caso era grave, foi à minha casinha, pegou o que queria para ela e a vendeu.

Sofri muito, dores, cansaço, não saí do hospital também porque queixei-me de que era sozinha, não teria onde ficar e não tinha ninguém para cuidar de mim. Desta vez, não menti. Deixaram-me ficar internada. Desencarnei, e a equipe de trabalhadores desencarnada, socorristas do hospital, me socorreu. Aceitei agradecida. Uma coisa que sempre fiz, aprendi, foi ser grata.

Fiquei abrigada, entendi que meu corpo morrera, fui levada para o posto de socorro onde estou, aprendo a trabalhar e estou realizando um sonho, estudo e leio muito.

O meu "se" é por ter abusado. Sim, abusei das pessoas que me deram esmolas. Desde quando estava com vó Zu, tínhamos mais do que necessitávamos; enganando, recebíamos esmolas em excesso. Tive oportunidade de mudar e escolhi continuar. O "se" me dói, machuca. Abusei e, quando de fato precisei, não tive, adoeci, passei fome, aconteceu comigo o que falava.

"Se" não tivesse enganado, fingido, com certeza não teria este remorso.

Agradeço por escrever, espero ter ficado bom; na escola, sempre fui boa em redação.

Araci/Iraci

— Como agora você é chamada? — perguntei.

— De Araci.

— Quais são seus planos para o futuro?

— Quero aprender mesmo, fixar bem o que é abuso para não abusar mais. Por enquanto, quero continuar no posto de socorro, trabalhando e estudando. Sei que terei de reencarnar, espero poder adiar, ficar por mais tempo no posto de socorro.

— Você sabe de sua avó Zu, de sua mãe e de seus filhos?

— Vó Zu não era religiosa, sabia poucas orações e rezava de vez em quando. Eu também não fui religiosa, mas orava. Ela foi boa, errou mais por ignorância; nos encontramos aqui no Plano Espiritual, e ela contou que, quando desencarnou, ficou meses no local, na nossa casa, depois foi socorrida e hoje está bem. Minha mãe foi embora para longe, não era da cidade em que morávamos, por isso eu não tive parentes. Ela desencarnou meses depois que foi embora, assassinada pelo companheiro. Sofreu, foi socorrida e reencarnou. Meus filhos estão bem, são honestos, têm família. Minha filha escreveu para eles contando de minha morte, mas eles não sentiram, estávamos separados. Minha filha, com mais idade, arrumou um companheiro, está bem do modo dela.

— O que você entende de "abuso" para sentir remorso? — quis entendê-la.

— "Abuso" no dicionário é: excessivo ou injusto; exorbitante de atribuições, ultraje ao pudor; canalhice, aborrecimento; nojo; maçada. Não deveria ter abusado da caridade. Caridade é algo muito sério. Entendo que é para fazer ao outro o que quer que lhe faça. Aconselho que, ao dar, use de prudência, sabedoria, verifique se quem pede necessita mesmo. É tão bom, quando se precisa, receber. Não são todos os mendigos que fingem, há de fato muitos miseráveis. Às vezes a pessoa, ao me dar, deixou de dar a outro que de fato necessitava, aí tirei do necessitado. Pedi, implorei por algo que não necessitava e que poderia ter trabalhado para conseguir. Abusei da boa vontade das pessoas. Enganei, e isto é feio, errado. Como tudo poderia ter sido diferente "se" não tivesse agido assim.

— Você pensa como poderia ter sido? — quis que ela completasse seu relato.

— Sim, penso. "Se" tivesse continuado a trabalhar, poderia ter tido coisas e dado valor, porque teria comprado com o dinheiro do trabalho. Com certeza teria tido menos, mas sentiria ser meu. Sinto por isto. Penso que deveria ter ido embora com o pai dos meus filhos e levado vó Zu; se ela não quisesse ir, poderia visitá-la e ajudá-la. Não deveria ter feito da mendicância uma profissão.

— Agradeço por você ter vindo escrever.

— Eu que agradeço.

Explicação do Antônio Carlos:

Pelo livre-arbítrio posso fazer muitas coisas, ter escolhas. Como Paulo de Tarso ensinou: "Tudo me é lícito, mas nem tudo me convém".

Tenho visto muitos abusos transformarem-se em dolorosos remorsos.

Nas distribuições da assistência social, um casal de idosos, ao receber dois cobertores, devolveu um e explicou que um bastava para os dois e que dessem o outro para alguém mais necessitado. Admirável! Porque a maioria dos que recebem pensa ou diz: "Estão dando. Por que não receber?". Pegar sem necessidade é abuso. Infelizmente, muitas pessoas procedem assim. Esquecem que, procedendo desse modo, erram. Ao abusar, erra-se, e erros trazem reações. Normalmente em outra ocasião precisará e não terá, pode ser na mesma encarnação ou em outra. Nossa convidada, Araci, Iraci, quando adoeceu, necessitou mesmo e não teve. E Araci não fez atos maldosos, porém, como contou, privou outros realmente necessitados de receber.

Há abusos da saúde, como fumar, embriagar-se, usar tóxicos, excesso de alimentos, e o resultado são doenças. Quando abusam de sentimentos, a reação virá: poderá ser desprezado ou ficar sozinho. Abuso de poder, dinheiro, força física etc.

Araci/Iraci contou que envelheceu precocemente. Sei de um ditado antigo que alerta: "cuidado com que se queixa ou finge, porque a vida escuta". Atraímos para nós o que nos queixamos ou fingimos. Sei de muitas pessoas que se fingem doentes para ter benefícios do afastamento do trabalho ou para se aposentar indevidamente e que tempos depois adoecem e ficam às vezes pior do que fingiram. Conheci um homem que enfaixava a perna, às vezes fazia pequenos cortes em si mesmo, para esmolar. Após anos, a perna infeccionou e teve de ser cortada até a virilha e a outra, no joelho. A mulher o abandonou e levou os dois filhos. Ele sofreu muito, se tornou realmente necessitado, miserável, e então recebeu pouca ajuda.

Araci/Iraci fez um alerta de que este foi o seu "se", sua história. Não são todos os mendigos enganadores. A caridade material é importante; se você for enganado, o erro é do enganador. Para não ser enganado, analise o problema, verifique. Não fazer caridade para não correr o risco de ser enganado não é justificativa.

São muitas as formas de abuso e, se este ato resultar em ações erradas, maldosas, não ficam sem reação.

O uso é permitido, usar bem de tudo é sabedoria.

O abuso causa muitos "ses" dolorosos.

CAPÍTULO 10

O "SE" DE MAXIMILIANO

Maximiliano deu seu depoimento num dos nossos encontros; gravei e depois ditei à médium. Falou devagar, num mesmo ritmo, do começo ao fim.

Chamo-me Maximiliano; por ter um nome comprido, desde pequeno fui chamado de Liano. Até adulto tive uma vida normal: fui filho único, meu pai desencarnou novo por um acidente, e minha mãe não se casou de novo. Os parentes de meu pai não eram da região, minha família era pequena, mamãe também fora filha única, e ela tinha somente de parentes alguns primos. Herdei de meu pai duas casas e um cômodo comercial, que alugava; mamãe e eu morávamos numa casa dela.

Com dezessete anos, quis trabalhar na prefeitura. Conhecia Leonor desde menino, namoramos e planejamos casar. Minha mãe adoeceu, ficou muito enferma por cinco meses e desencarnou. Mamãe me deixou, além da casa em que morávamos, mais duas. Leonor não quis residir na casa em que morava, mas numa outra minha, que era mais central. Casamos.

O prefeito, naquela época, era Marcílio, uma pessoa influente, mandava em tudo, comentavam que ele era corrupto, mas, para mim, era bom patrão. Não estava interessado no que ele fazia. Ele era casado e tinha dois filhos.

Tínhamos muitas reuniões na prefeitura, e havia, após, recepções, para as quais podíamos levar a família. Leonor gostava de ir, se enfeitava, e eu gostava que ela fosse. Era apaixonado, gostava mesmo dela e fazia de tudo para agradá-la.

O prefeito ficou viúvo. A esposa dele desencarnou de maneira inexplicável. Parecia bem, saudável e amanheceu morta. Diagnosticaram que havia sido do coração. Os filhos dele, dois garotos, foram morar com os avós maternos em outra cidade, distante quatrocentos quilômetros. Comentaram, de fato era verdade, que a esposa dele era de uma família rica, que os pais dela foram contra o seu casamento e que por isso a deserdaram.

Um dia, Leonor disse que estava com vontade de comer uma fruta que não era comum, dava em árvores e era encontrada na mata perto da cidade. Pediu para eu ir pegar para ela depois que voltasse do trabalho. Afirmei que iria; quando saísse da prefeitura, iria em casa, pegaria a bicicleta e traria os frutos para ela. Imaginei que poderia ser desejo e que ela poderia estar grávida. Comentei isso com ela, que riu e disse que não.

Para ir ao local onde encontraria os frutos, passava pela estrada, que, de um lado, tinha muitas árvores e, do outro, um rio. Este rio era grande e tinha muitos peixes. Estava distraído quando recebi pauladas, tonteei e caí; não vi quem as deu, senti ser ferido e desmaiei.

Acordei num leito muito confuso e vi um casal conversar:

— Ele está acordado! Quer água? — a mulher ofereceu.

Tomei e, para isso, ergui a cabeça. Vi que estava num quarto pequeno, simples e limpo.

— Onde estou? O que aconteceu?

Somente entendi mesmo depois de o homem ter me explicado por umas três vezes. A primeira naquela tarde; depois, no dia seguinte.

— Liano — explicou o homem —, conheço você desde pequeno. Seu pai fez um grande favor ao meu pai. Foi quando papai ficou doente, e o seu deu a ele dinheiro para comprar remédios e alimentos para a família. Meu pai era grato, sempre contava esse fato e dizia que, um dia, se pudesse ele ou um dos filhos retribuir, que ele iria ficar contente. Fui pescar no rio, não costumo ir à parte da mata, mas naquela noite senti vontade de andar mais. De repente, vi você, mas não o havia reconhecido, estava caído à beira d'água. Vi que estava vivo, mas muito ferido. Corri, chamei minha mulher, e trouxemos você na carriola. Nós o acomodamos aqui, neste cômodo, que temos no quintal. Limpamos você e fizemos curativos. Minha esposa trabalhou no hospital quando solteira. Foi então que o reconhecemos.

— Por favor, avise minha esposa. Por que não o fizeram antes? — quis saber.

O homem continuou a explicar:

— Sabemos que sua esposa e o prefeito são amantes, encontravam-se antes mesmo de a esposa dele falecer. Resolvemos não falar a ninguém porque o ataque que recebeu foi muito estranho. No dia seguinte ao que o encontramos, vimos pessoas o procurando, elas viram sangue na estrada. Concluíram que você foi assaltado e que levaram sua bicicleta, pois ela sumiu, e que o jogaram morto no rio. Aí procuraram seu cadáver. Claro que não encontraram. Você ficou dormindo por três dias. Minha mulher lhe deu antibiótico e remédios para tirar a dor, penso que foi por isto que dormiu.

Quando acordei mesmo, estava menos confuso, insisti para que eles avisassem Leonor, e eles disseram que iriam para me acalmar. Depois me fizeram raciocinar. O que estava fazendo naquele local à noite? Por ali não havia assaltos, roubos. Por que me matariam por uma bicicleta? Contaram também que muitas pessoas na cidade sabiam que Leonor e Marcílio eram amantes. Se haviam sido os dois que mandaram me matar, estava correndo perigo. Ferido, com Leonor cuidando de mim, poderia um ferimento infeccionar, e eu morrer. Era melhor me recuperar para depois decidir o que fazer. O homem ia à cidade e voltava contando as novidades. Leonor se considerava viúva e herdeira de tudo o que era meu. Não parecia triste.

Ficava a maior parte do tempo sozinho naquele cômodo e pensei muito. Lembrei de comentários de colegas que insinuavam que mulheres podiam trair, que o marido deveria ficar atento, mas nem prestei atenção, não pensei que os comentários fossem para mim, para me alertar. Depois, somente ali, foi que lembrei que vira os dois se olhando, o prefeito e Leonor. Não sabia o que fazer e no que acreditar. Concluí que, se de fato os dois mandaram me matar, se aparecesse na cidade ferido, seria com certeza morto. Além das pauladas, recebi uma facada, que pegou numa costela. Não fiz a barba e meus cabelos cresceram.

Resolvi, logo que vi o casal ir deitar, sair com cuidado para não fazer barulho, ir à cidade e tentar saber o que de fato acontecera. Disfarcei-me, coloquei uma roupa de meu anfitrião: estava magro, emagrecera muito, o cabelo cheio e barbudo. Andando devagar, fui à cidade. Este casal morava num sítio pequeno, era deles, perto da cidade. Caminhando por uns trinta minutos, cheguei. Fui a um bar, bordel, onde havia encontros. Entrei, fiquei no balcão, pedi uma bebida e paguei com dinheiro que pegara do casal. Tomei devagar, atento às conversas. Escutei:

— A viúva Leonor não esperou Liano esfriar. Embora não tenha sido encontrado o corpo, então não sabemos se está frio ou não, ela já está se encontrando com o prefeito.

— Ora, eles eram amantes com ele vivo, ela deve ter se casado com Liano porque ele tinha bens.

— Inexplicável a morte do cara, vocês não acham? Matá-lo para roubar uma bicicleta!

— Quem são esses ladrões? Da região, não são. Ninguém viu pessoas diferentes por aqui. Parece que eles vieram somente para fazer esse assalto.

— O fato é que muitos pescadores ficaram com medo de pescar à noite.

— Não é providencial herdar tudo e ficar com o amante?

Preferi não escutar mais e ir embora, fiz o caminho chorando. O casal tinha razão sobre o perigo que eu estava correndo. O que iria fazer ao voltar? Tudo parecia ter acontecido como se comentava, mas não tinha provas. Depois, o prefeito era um "mandachuva", como se designava uma pessoa que mandava, que tinha autoridade. Nasceu em mim, naquele momento, o desejo de vingança. Porém quis planejar bem o que ia fazer. Melhorei e resolvi ir embora, seria perigoso para mim ficar ali e continuar dando despesas para o casal. Agradeci e prometi a eles que pagaria o que eles gastaram comigo. Com pouco dinheiro e uma troca de roupa que o sitiante me dera, parti. Eles me levaram de charrete por uns dez quilômetros na estrada, fui escondido. Depois andei por umas três horas, vi um carro parado no acostamento e um senhor tentando consertá-lo. Ofereci ajuda.

Embora eu não tivesse carro, sabia dirigir e entendia bastante de mecânica. Consertei o veículo do senhor e recomendei que era para parar num posto de combustível e colocar óleo. Ele agradeceu e me ofereceu carona.

— Você sabe dirigir? — perguntou ele.

— Sei — respondi.

— Por favor, dirija para mim, não estou me sentindo bem.

Dirigi para ele, paramos num posto, abastecemos, trocamos o óleo, almoçamos, e ele pagou para mim. Retornando à viagem, trocamos informações. Ele se chamava Alfredo, era viúvo, tivera um filho que desencarnara com vinte e três anos. Morava sozinho num sítio, tinha empregados, e um que fora seu motorista, o empregado faz-tudo, desencarnara. Estava viajando, fora a uma cidade vender um terreno e estava voltando. Eu não contei tudo, disse que era casado, amava muito minha esposa e ela me traíra, então saíra de casa e não sabia para onde ir nem o que iria fazer. Ele me ofereceu emprego, aceitei. Dirigi para ele, pernoitamos num hotel e chegamos à tarde no sítio. Iria dormir numa casinha perto da sede.

Nasceu então uma grande amizade. Cuidei do senhor Alfredo, tentava resolver tudo para ele. Meu patrão me tratava bem; depois de uns meses, passei a ter meus aposentos na casa sede, e ele me deu roupas que foram de seu filho. Pagava um ordenado. Pelas pauladas, quebrara três dentes, e estes doíam. Gastava do meu ordenado o mínimo possível, queria juntar para pagar o casal que me ajudara.

O senhor Alfredo quis que eu fosse ao dentista, mas expliquei a ele que tinha primeiro de pagar uma dívida. Ele me adiantou salários, fiz o tratamento dos dentes e paguei o casal. Comprei três brinquedos para os filhos deles, tinham três, e coloquei o dinheiro dentro dos brinquedos; havíamos combinado isto quando me despedi deles. Pedi para eles, numa carta, que me mandassem notícias e dei o endereço que o senhor Alfredo tinha na cidade, era uma caixa postal. Recebi a resposta: eles agradeceram e escreveram que Leonor e Marcílio estavam juntos, casaram-se e que ele agora era delegado.

Soube da vida do meu patrão: o senhor Alfredo casara-se com mais idade e tivera somente um filho, o Alfredo Júnior; ele fora funcionário público, morava na cidade, e a esposa gostava de sítio, então ele comprou aquele que morava. Ela ficou doente, câncer, e desencarnou; ele então passou a viver para o filho. Júnior foi estudar em outra cidade, ele se aposentou e foi morar no sítio; o filho se formou advogado, ficou doente e voltou a morar com ele. Estava com aids, disse que fora contaminado por uma namorada. Ele fez tudo para ajudar o filho, que desencarnou; o senhor Alfredo então ficou sozinho e muito triste.

Eu continuei guardando dinheiro. O que contei para meu patrão que ocorrera comigo foi: minha esposa me traíra com uma pessoa importante e, quando saí de casa, não pegara meus documentos, mas queria guardar dinheiro num banco porque a inflação estava alta.

O senhor Alfredo teve um empregado, o que ele contara que fazia de tudo, que se chamava João Alberto e que sempre morou no sítio, porque a mãe dele fora ali empregada antes de ele comprar a propriedade; o garoto ficou órfão, a mãe morrera, e ele não sabia quem era seu pai. João Alberto suicidara-se: foi a uma represa que ficava ali perto e se afogou. Ele deixara uma carta que meu patrão encontrara no seu quarto, contando que era homossexual e que não aceitava isto. Como o corpo não fora encontrado, não foi dado como morto, e os documentos dele estavam com o senhor Alfredo. Então, o meu patrão decidiu que eu, a partir daquele momento, seria João Alberto.

Assim, eu tomei emprestado o nome do ex-empregado do sítio. Abri conta no banco, e o senhor Alfredo, que havia parado de pagar os encargos trabalhistas, acertou os atrasados e continuou pagando para que eu, no período certo, me aposentasse. Continuei barbudo, com os cabelos cheios, não engordei mais, passei a usar óculos: estava bem diferente de Maximiliano.

Sentia muitas dores onde fora esfaqueado e na coluna, pelas pauladas nas costas, e joelhos. Fiz de tudo para ser bom empregado e era grato ao senhor Alfredo. Meu patrão tinha dois sobrinhos e fez um testamento, deixando tudo o que possuía para eles, o sítio e a casa na cidade, que estava alugada. Ele recebia uma boa aposentadoria.

Um dia ele me mostrou uns papéis e explicou:

— João Alberto, o sítio não dá lucro, mas prejuízo. Para viver, tenho o aluguel da casa e a aposentadoria. Tenho ações, elas estão aqui, nesta gaveta, trancadas junto com umas joias que foram de minha esposa. Estas ações valem muito, são ao portador. Sabe que fiz um testamento, quando meu filho faleceu, deixando tudo para os meus sobrinhos; eles sabem das joias, mas não das ações. Elas devem ficar para quem as pegar.

Não entendi e também não perguntei; o senhor Alfredo me olhou:

— Entendeu, João Alberto? Estou as dando a você; quando eu morrer, pegue-as, venda-as e vá embora daqui.

— Por que o senhor está me dando? — encabulei-me.

— Você é meu amigo. Penso e sinto remorso por não ter entendido o outro João Alberto. Se tivesse prestado atenção nele, poderia tê-lo ajudado, e ele não teria se suicidado. Você também sofreu muito e não quero deixá-lo sem nada. O verdadeiro João Alberto era cinco anos mais velho que você; por isso logo poderá se aposentar como trabalhador rural. Gosto dos meus dois sobrinhos, são pessoas boas, mas quem me dá atenção, quem tem cuidado de mim é você. Estou com setenta e oito anos e espero que Deus me leve logo para ficar com minha esposa e filho.

De fato, era bom empregado, fazia de tudo para o senhor Alfredo e juntei dinheiro. Porém, no tempo todo que ali, no sítio, fiquei, pensei muito, fiz muitos planos para minha vingança. Como escutara: a vingança, se quisesse fazê-la dar certo, teria de ser bem planejada.

O tempo passou e não esqueci: resolvi que os dois, Leonor e Marcílio, teriam de ser castigados e que os faria sofrer mais do que eu sofri. De fato, não esquecera, lembrava todos os dias do que eles me fizeram; penso que as dores físicas que sentia também me faziam lembrar. Alimentei meu rancor e o desejo de me vingar. Precisava, para me vingar, de dinheiro, por isso guardei. Não contei da agressão que sofri nem que pensava me vingar para o senhor Alfredo. Com ele, alimentava-me bem, tinha poucas despesas; de fato, me privei de muitas coisas para guardar dinheiro. Quando achei que tinha dinheiro suficiente para executar minha vingança, o senhor Alfredo ficou mais doente e precisava de mim, por isso adiei e redobrei a atenção e o carinho para cuidar dele.

Mais três anos se passaram, e o senhor Alfredo desencarnou. Os sobrinhos dele foram, pegaram alguns objetos da casa, as joias, e pediram para eu ficar ali, me pagariam até que vendessem o sítio. Concordei. Guardei as ações que ele me dera, fui a uma cidade grande e obtive informações, as ações de fato valiam muito. Vendi a metade. Mandei uma quantia para o casal, quis recompensá-los, não desencarnara naquela noite pelos cuidados deles. Era grato.

Sem o senhor Alfredo no sítio, tinha pouca coisa para fazer, ia com o carro que fora dele e que ainda estava no sítio a esta cidade onde comprara uma caixa postal. Pus o meu plano de vingança em ação. O casal ficou muito contente com o dinheiro que recebeu e me deu notícias. Leonor e Marcílio estavam casados, tinham um casal de filhos, o mais velho estava com dezessete anos e a menina, com treze anos. Ele se aposentara, mas ainda mandava muito.

Fui a um bordel, observei bem as mulheres de lá, escolhi duas. Conversei com a mais velha, era uma mulher bonita, experiente, de trinta anos. Contratei-a. Ela teria de ir à cidade em que morara, conquistar Marcílio, fazê-lo se separar de Leonor, depois abandoná-lo. Para isto, ela teria de se passar por uma mulher séria, que estava ali para se refazer numa cidade pequena, de uma viuvez recente. Combinamos o pagamento. Dei a entrada, era muito dinheiro, e ela prometeu que faria, e bem, o trabalho. Dois dias depois, foi para lá e ficou de me dar notícias, escrevendo para a caixa postal, endereçando a João Alberto. A segunda moça contratada era uma jovem de dezenove anos. Até chorou, queria sair daquela vida, estudar e prometeu também fazer bem o seu papel. Iria para a cidade estudar e dizer que seus pais moravam numa fazenda da região, faria a terceira série do segundo grau para estar na classe do filho de Leonor e fazer de tudo para viciá-lo nas drogas.

Pelas notícias que recebia, meus planos estavam dando certo. A mulher contratada se envolveu com Marcílio, conquistou-o e se tornaram amantes, ela fez que todos na cidade ficassem sabendo. Conseguiu que ele saísse de casa, ficasse no hotel com ela, foram viajar e então o criticou, falou mal dele e saiu da cidade. Porém ela tirou muito dinheiro dele, algo que não havia sido contratado. A segunda moça também fez sua parte, se envolveu com o mocinho e o fez se drogar, fingiu que era usuária. Uns garotos amigos dele também usaram, mas ele se viciou, porque também sentiu a separação dos pais. Ela o fez roubar objetos de casa para comprar drogas, a moça os adquiria e cobrava mais caro. Quando Leonor descobriu, a mocinha foi embora da cidade. Tinha também essas notícias pelo casal, que me pedira dinheiro, e eu mandei.

Escrevi para Leonor uma carta sem remetente, um bilhete: "A água não foi meu túmulo. É o começo. Terá mais. O retorno sempre vem". Ela reconheceria a minha letra.

O casal, era a mulher quem escrevia, contou que Marcílio fora ridicularizado, mas logo arrumou outra moça para amante e foi morar com ela. O filho foi internado numa clínica. Disseram que o casal sofreu um rombo financeiro, pelo filho tê-los roubado, pela clínica cara e por Marcílio ter gasto muito com a amante. O poder dele diminuíra, e Leonor não saía mais de casa.

Não fiquei satisfeito com a vingança e resolvi dar um tempo para a segunda etapa. Nesta época, os sobrinhos herdeiros do senhor Alfredo venderam o sítio, e o novo proprietário me ofereceu um emprego como caseiro; recusei e fui morar longe, numa vila praiana perto de uma cidade turística. Comprei uma casa, que, por ter sido construída numa área de preservação, não tinha escritura definitiva. O terreno era grande, ficava na encosta de uma montanha, local muito bonito, onde era somente descer para estar na praia. Organizei-me ali. Tinha dinheiro guardado e a aposentadoria. Voltei à cidade em que tinha a caixa postal e peguei uma carta do casal: eles escreveram que Marcílio estava doente, que a amante o abandonara e que levara muitas coisas dele; que Leonor o aceitara em casa para cuidar dele; que o filho saíra da clínica e estava atrasado nos estudos; e pediram dinheiro. Tinha dado muito a eles, achei que já era abuso; fechei a carta, coloquei nela que o destinatário falecera e a postei de volta, entreguei a caixa postal.

Para mim, a vingança fora pouca, resolvi planejar outra coisa. Fui para minha casa, tinha de pensar no que ia fazer, não tinha mais tanto dinheiro, não queria ficar sem um lugar para morar, não queria vender a casa. Se ficasse somente com a aposentadoria, passaria por dificuldades, porque gastava muito com remédios. Sabia que seria difícil arrumar emprego, não conseguiria fazer certos trabalhos. A facada na costela, se não fosse por ela teria morrido, estava sempre doendo, consultara vários médicos, tomava remédios e não adiantava; também tinha muitas dores pelo corpo, as pauladas deixaram sequelas.

Numa tarde estava andando devagar pela praia, quando dois casais passaram por mim, sorriram, me cumprimentaram e indagaram:

— O senhor precisa de alguma coisa? Aceita nossa ajuda? Temos alimentos...

Observei-os, estavam vestidos com roupas comuns; nas camisetas, na frente e atrás, o nome de uma assistência social. Sorri, respondi ao cumprimento, entendi que eles me confundiram com uma pessoa pobre por estar vestido simplesmente.

— Obrigado, não preciso. Moro ali na encosta do morro. Agradeço mesmo!

Conversamos; primeiro comentaram a beleza do lugar, depois me deram mensagens. Despediram-se. Coloquei-as no bolso e, em casa, as li: falavam de amor, perdão, que devemos orar, e tinham o endereço e horário de palestras de um centro espírita. Quis ir por curiosidade e para entender o porquê de pessoas educadas, jovens, em vez de se distraírem, estavam distribuindo alimentos. O local não era longe. Fui, as pessoas sorriam, me cumprimentavam. Sentei e gostei demais da palestra. O orador falou de Jesus e de uma cura que o Mestre fez. Voltei dois dias depois, conversaram comigo, ofereceram-me livros que podia pegar emprestado. Li, eram de mensagens, romances, depois li os de Allan Kardec. Passei a frequentar, fiz cursos e participei da equipe que distribuía alimentos.

Foi então que o "se" da minha vingança começou a me incomodar, e cada vez mais.

Resolvi ir à cidade em que morara, tinha certeza de que ninguém me reconheceria, estava muito diferente. O carro que fora do senhor Alfredo ficara comigo, os sobrinhos dele me deram, era velho, mas bem conservado. Fui, deixei o carro num posto de combustível perto da cidade, peguei um táxi e pedi para o taxista dar uma volta na cidade. Ela mudara muito, crescera, o comércio aumentara. Saí do táxi e andei pelo centro da cidade, passei em frente à casa que Leonor morava. Vi Marcílio sentado numa poltrona na área, estava velho e de aspecto doentio. De repente, Leonor foi até ele e lhe deu um copo d'água. Ela também estava envelhecida, parecia triste. Fui à praça e me sentei num banco onde estava um senhor, não o reconheci. Depois de cumprimentos, comentei:

— Vi o senhor Marcílio sentado na área da casa dele, parece muito doente.

O homem falou dando sua opinião.

— Nada tem do antigo prefeito e delegado. Mandou tanto e agora... O casal não é nem sombra do que foi. Venderam recentemente mais uma propriedade. Os filhos dele, os que teve com a primeira esposa, não querem nem vê-lo. O filho dele com a segunda mulher viciou-se nas drogas, parece agora que está bem. Leonor tem trabalhado, comentam que não tem dinheiro para ter empregada e que diz que gostava mesmo era do primeiro marido. Também, Marcílio a humilhou muito.

Resolvi ir embora, peguei outro táxi, voltei ao posto e retornei para casa. A viagem fora de seis horas; viajei por doze horas, ida e volta, não parei.

Aborreci-me, arrependi-me e, como entendi, ninguém precisa se vingar, existe o retorno de nossos atos. Eu agi errado. Continuei usando os documentos de João Alberto, não tinha outros; para todos, Maximiliano havia falecido.

Fiz amizades com o grupo da casa espírita e mais com um casal. Pedi para conversar com eles, os dois foram à minha casa. Contei a eles minha vida. Disse que seguira os conselhos do casal que me socorrera para ir embora, mas que agora pensava que talvez eu devesse ter voltado, me separado legalmente de Leonor, ficado com meus bens e refeito minha vida. Poderia ter me arriscado e ser morto; depois, amava muito Leonor e não queria vê-la. Com certeza, foram eles mesmo que prepararam aquela cilada para Leonor ficar viúva e com meus bens. E não teria como acusá-los, não havia provas. Não deveria ter me vingado. Conversamos e concluí que não tinha como reparar minha vingança. Marcílio traiu Leonor porque quis, talvez não fosse a primeira vez. Não devia, de jeito nenhum, pensar em me vingar novamente; se não podia reparar, devia orar por eles e amá-los.

É sofrido concluir que, uma vez feito algo, não temos às vezes como desfazê-lo. Se um dia Leonor e Marcílio se arrependessem, eles não poderiam fazer com que a primeira esposa dele, que foi assassinada, retornasse à vida física e nem eu, que eles pensavam que tinha morrido. E eu não poderia desfazer o ato da traição de Marcílio e de o jovem ter se viciado. É muito triste! Arrepende-se, mas o erro existiu. Passei a orar por eles, tornei-me um espírita estudioso, participei da assistência social.

SE NÃO FOSSE ASSIM... COMO SERIA?

O "se" de minha vingança sempre me entristeceu. Depois que fui algumas vezes ao centro espírita, pensei que iriam curar minhas dores físicas; após meses que frequentava, achei que eles me auxiliariam a me livrar do remorso. Somente depois compreendi que eles me ajudaram a entender a dor e ter um remorso construtivo, que me evitaria a errar de novo.

Não estava bem de saúde. Coloquei meu dinheiro guardado na conta deste casal, por termos nos tornado amigos. A casa que morava era minha, mas não tinha escritura. Pedi a eles que, quando eu desencarnasse, a usassem; se ainda tivesse dinheiro, que o doassem para assistência social e alugassem a casa até a prefeitura se apossar dela.

Senti-me mal após uma palestra, me levaram para o hospital e desencarnei. Fui socorrido pelos trabalhadores desencarnados da casa espírita, que, por oito anos, frequentei; eles me ajudaram com carinho, como eu havia feito no trabalho da assistência social. Levado para um posto de socorro, não tive mais dores e aprendo a ser útil.

Encontrei-me com o senhor Alfredo, foi uma alegria o nosso reencontro, ele está bem, numa colônia com a esposa e o filho. Meu antigo patrão me contou que seu ex-empregado, do qual eu me apossei do nome, o João Alberto, não se suicidara, a carta era somente para contar o que o afligia naquele momento. De fato, ele estava triste, foi passear de barco para se distrair, sofria de labirintite, ficou tonto, caiu n'água e desencarnou afogado. Seu corpo ficara no fundo do lago. Disse que ele reencarnara.

Meus pais haviam também reencarnado. Pedi permissão, obtive e fui à cidade em que nasci. Visitei Leonor, Marcílio desencarnara e vagava pela casa; Leonor sofria com a presença dele, por dificuldades financeiras e com os filhos. O mocinho, agora homem, deixara de fato as drogas, mas era vagabundo, casara-se e morava com a mãe, o casal fazia Leonor de empregada. A filha saíra de casa, mas não tinha juízo, era garota de programa e estava sempre dando golpes nas pessoas. Leonor não acreditou na carta que recebera, a que eu escrevi para ela, porque tinha certeza de que eu havia sido assassinado. Porém preocupou-se, alguém devia saber. Ela de fato arrependeu-se, não de ter participado daquela cilada, mas de ter desejado se separar de mim, porque eu a tratava bem. Passado o entusiasmo de Marcílio, ele a traía e era rude. Não gostava de lembrar do que fizera, mas lembrava. Erros nos incomodam, principalmente quando estamos tendo dificuldades.

Tentei, por três vezes, ajudar Marcílio; com companheiros desencarnados trabalhadores do centro espírita que frequentei, o levamos para uma orientação nos trabalhos de desobsessão. Ele não quis nossa ajuda, queria continuar na casa, não queria ter desencarnado. Fui aconselhado a esperar, ajuda não pode ser oferecida. Soube que ele sedara a primeira esposa e a sufocara com o travesseiro, matou-a, e que também pagara dois homens, matadores de aluguel, para me matar, e Leonor concordou. Quiseram-nos mortos para ficarem viúvos e para ela receber, ficar com meus bens.

Não fui mais vê-los. Sei do perigo que Marcílio está exposto ao vagar, pode ser levado para o Umbral, ele fez muitos inimigos, mas não tenho no momento como ajudá-lo. Tentei também alertar Leonor, pedi que orasse, frequentasse uma religião, ela se recusou. O sofrimento cansa, talvez os dois um dia queiram ajuda e aí, se eu puder, tentarei ajudá-los.

Meu "se" é doloroso, é por ter me vingado.

Os dois, Leonor e Marcílio, receberiam ou ainda receberão o retorno de suas ações, não precisaria me vingar. Passei anos planejando, vinguei-me, e a vingança não me deu satisfação. Fiquei com o senhor Alfredo, ele me ajudou, e eu, a ele. Poderia ter refeito a minha vida, casado, tido filhos, mas não o fiz. Uma coisa boa que me aconteceu foi ter me tornado espírita, ter tido uma religião. Que bom foi quando aqueles dois casais perguntaram se precisava de ajuda. Não recebi o alimento material, mas o espiritual. No posto de socorro em que estudo, sou útil, trabalho muito, mas não me esqueço de que me vinguei. Se eu não tivesse me vingado, não sentiria remorso.

É somente isto que tenho para falar.

Maximiliano

Pensei bem, eu, Antônio Carlos, o que perguntar para Maximiliano. O relato dele fora completo, mas fiz duas perguntas:

— Maximiliano, quais são seus planos para o futuro?

— Gostaria muito de ter a oportunidade de ajudar Leonor e Marcílio. Pretendo continuar estudando, trabalhando, logo irei fazer parte da equipe dos trabalhadores do centro espírita que frequentei.

— Não pensa em reencarnar?

— Sei que terei de fazê-lo, mas não agora. Posso ficar um bom tempo desencarnado e espero ficar.

— Agradeço pelo seu relato.

— Eu que agradeço — Maximiliano sorriu, pela primeira vez o vi sorrir. —Vingança não compensa, não traz satisfação e pode lhe dar, quando compreender, remorso doloroso. Perdoar é o melhor remédio para a alma ferida.

Explicação do Antônio Carlos:

Às vezes, pode parecer que uma pessoa se suicidou e ter sido um acidente, como ocorreu com João Alberto, o empregado de Alfredo. Ele estava triste, sofrendo com uma dificuldade, mas não pensava em tirar a própria vida. Também, para algumas desencarnações, pode parecer acidente e ter sido suicídio. Uma pessoa quer morrer e prepara um acidente para que não pensem que ela fora covarde ou mesmo porque não quer que a julguem suicida. Porém não há engano no Plano Espiritual.

Algo que sempre acontece é de pessoas procurarem religiões, templos, igrejas, em busca de milagres ou para obter benefícios que facilitem a vida encarnada. Isto ocorre muito nos centros espíritas. Maximiliano pensou nisto e obteve outra coisa. Porém locais de orações, principalmente centros espíritas, não são casas de milagres, mas de acolhimento, orientação e reeducação espiritual.

Já vi falsa alegria em vingadores. E quase sempre eles sentem, como sentiu Maximiliano, que não se vingaram completamente, que ainda têm de desaforar. Leonor e Marcílio agiram errado, tornaram-se assassinos; quem manda, paga para outro matar, é também assassino e, para este ato cruel, a reação normalmente é de dor. Se uma pessoa age como esses dois receberá a reação; se não for nesta encarnação, será em outra. Nada, nenhum ato fica sem a reação. Pode-se repará-la, anulá-la com trabalho no bem, mas não é com pouca coisa, é com muita. Maximiliano deixou de viver para esperar pela vingança. Ainda bem que, ao fazer isto, esperar, não agiu errado. Foi uma graça o encontro que ele teve com o pessoal espírita. Como isto dá certo! Alimentam o físico e, normalmente, o mais importante, o espírito. Maximiliano fez amizades, fez-se merecedor de tê-las e de ser socorrido quando desencarnou.

Na oração do Pai-Nosso, Jesus nos presenteou com este precioso ensinamento: perdoe para ser perdoado. Felizes os que o fazem. Em *O Evangelho segundo o espiritismo*, de Allan Kardec, capítulo vinte e oito, item cinco, "Perdoa as nossas ofensas como perdoamos os ofensores" é uma leitura que nos faz meditar muito. Também no capítulo doze, "Amai os vossos inimigos", encontramos preciosos ensinamentos sobre este assunto.

Amar o inimigo, algo muito comentado e pouco posto em prática. É o que Maximiliano está tentando fazer, demonstrou isto quando quis ajudá-los. Compreendeu que eles erraram e que ele também e que todos têm suas histórias e tentam se justificar. Entendeu que, para acabar com este sentimento ruim, que é o do ódio, tem de amar. Ele perdoou sem que os dois pedissem perdão. O amor anula o negativo do erro, é o amor luz que brilha nas trevas. Somente ajudo mesmo quem está no erro quando o amo.

Não importa, não deveria Maximiliano ter se importado se Leonor e Marcílio mereciam seu rancor, sua vingança, sua mágoa, porque eles terão o retorno de seus atos. Ao não perdoar, ao sentir rancor, ódio, a energia fica às vezes pior em si mesmo do que naquele que faz a ação maldosa. Pensamentos de mágoa, ódio, de querer a desforra produzem uma carga de energia nociva que prejudica primeiro quem a cria. Ao contrário, se perdoar e amar, gera-se uma energia que beneficia quem assim age.

Alerto que quem quer se vingar se iguala a quem fez a má ação. Ninguém consegue se vingar de outro sem fazer um grande mal a si mesmo.

Torno o mundo melhor quando eu, quando nós anulamos o ódio com a força e luz do amor. Um dos envolvidos numa desavença, amando, irradia luz que pode iluminar o outro. Ame e deixe este sentimento inundar você.

CAPÍTULO 11

O "SE" DE ELIETE

Tive um irmão e três irmãs, era a quarta filha de um casal que julgava ser simples. Meus pais combinavam muito, e eu implicava com eles, ora achava papai mandão, ora mamãe que era chata.

Lembrando agora, tentava fazê-los brigar e por vezes eles acabavam discutindo, aí eu ficava brava e reclamava que ali minha vida era um inferno.

Pelo que me lembro, desde pequena, era intolerante, tinha meu conceito do que julgava ser certo e não aceitava argumentos. Todos tinham de agir como eu, no meu conceito certo, correto, uma pessoa de bem.

Havia brigas em casa, e eu estava sempre nelas ou, como meus irmãos diziam, era eu quem as provocava.

Assim foi com amigos e colegas de escola, sofria por ser deixada de lado, ou seja, não me queriam como amiga. Não era convidada para festas de aniversários, para passear, e meus irmãos eram, os amigos deles iam em casa e eu os maltratava.

Meus pais tentaram me educar, mamãe dizia muito para mim:

— Eliete, tolere para ser tolerada.

Argumentava irada: "eles agem errado", "isso não se faz", "é feio" etc.

Não tinha namorado na adolescência porque não via qualidades nos meus pretendentes. Concluí o que chamavam de terceiro ano do segundo grau e tinha apenas conhecidos, não amigos. Criticava-os muito, e as pessoas se afastavam de mim.

Arrumei um namorado, ele estudava, estava na universidade de direito. Parecia tudo certo, até melhorei meu humor. Porém queria que ele tivesse meus conceitos, muitas vezes discutimos sobre assuntos que não tinham nada a ver conosco ou com pessoas próximas. Indignada, criticava o trânsito, o desrespeito das pessoas, o pouco-caso de quem não economizava água se esta estava faltando etc. Falava muito sobre o mesmo assunto e até me revoltava. Cansava quem me escutava. Em casa, meus irmãos pediam para eu parar de falar sobre o mesmo assunto e aí me revoltava com eles. Meu irmão se casou, teve um filho e eu comecei a implicar com meu sobrinho; meu irmão e cunhada passaram a me evitar.

Gostava do meu namorado, nem percebi que ele ficara indiferente e um dia ele terminou comigo, disse que não se adaptava ao meu modo de ser. Tentei me defender, dizendo que eu agia certo; ele, educado, afirmou que não dava certo e disse estar interessado em outra pessoa. Aí eu o ofendi, xinguei, falei os defeitos que julgava que ele tinha. Ele escutou calado; quando parei, ele disse:

— Eliete, é por isso que não a tolero mais. É muito intransigente! Tchau! — saiu de perto de mim, estávamos numa pracinha perto de minha casa.

Fiquei furiosa. Sofri, porque gostava dele. Soube, dias depois, que ele estava com a nova namorada. Meu irmão comentou:

— Eliete, aprenda a tratar as pessoas melhor. Seu namorado não a aguentou porque é difícil de conviver.

Gritei com ele, o ofendi, ele revidou e foi embora.

Depois que terminei os estudos, arrumei um emprego. Fui trabalhar no escritório de um supermercado, fazia somente um trabalho com notas fiscais. Não conversava com os colegas, minha mesa de trabalho era mais afastada. Tinha que prestar muita atenção para não errar e justifiquei que ficava mais separada para melhor me concentrar.

Cumprimentava os colegas ao chegar e ao sair, evitava conversar, porque, para mim, as conversas deles eram fúteis e sem conteúdo. Como conversava pouco, tentava ser educada, e a convivência era razoável. Tomava café quando via que não tinha ninguém na cozinha.

Depois que terminei o namoro, fiz um propósito de não namorar mais. Não dei atenção a mais ninguém e, de forma grosseira, afastava-me se alguém se aproximasse de mim com interesse.

Minhas irmãs se casaram, os sobrinhos vieram e comecei a implicar com eles, proibi que entrassem no meu quarto, chamava a atenção deles por tirarem objetos do lugar. Meus pais se chateavam e me diziam que a casa era deles e que eu não podia fazer isso.

Meus irmãos passaram a ir menos em casa. Meus pais resolveram fazer doações de alguns bens para os filhos. Deram uma casa para cada um. Eu reclamei da minha, porém recebi a melhor, penso que meus pais fizeram isso para que não reclamasse. Então, os dois, papai e mamãe, me chamaram para uma conversa e me pediram para eu me mudar, que fosse para a casa que agora era minha.

— Eliete — mamãe estava triste —, desde pequena você escuta de mim: "tolere para ser tolerada". Penso que é melhor você morar sozinha. Gostamos dos netos, quero-os por perto e que você faça o que quiser na sua casa. Meus filhos e os netos têm vindo pouco aqui, é por sua causa. Queremos que você se mude para a sua casa.

Fiquei brava, xinguei, falei o que pensava deles. Meu pai me deu um tapa no rosto.

— Chega, filha! Pare! Penso que será a vida quem a ensinará. Tentamos de tudo. Mude-se para a sua casa! Mas saiba que continua nossa filha. Venha aqui quando quiser, mas lembre-se: aqui é nossa casa e você não tem que dar palpite.

Mudei-me rápido, pedi dez dias de férias, peguei todo o meu dinheiro guardado, meus pais me ajudaram, e me mudei. Depois, fui aos poucos comprando móveis e objetos.

Senti a mudança, tinha de limpar a casa, fazer minha comida, e passei a ir muito a restaurantes, minhas despesas aumentaram. Se quisesse roupas limpas, tinha de lavá-las. De fato, sentia falta destes mimos que tinha na casa de meus pais, agora tinha eu mesma de fazer. Estraguei ao lavar uma saia, queimei com ferro uma blusa. Ah, se isso tivesse acontecido na casa de meus pais, teria reclamado muito e, para que não ocorresse, mamãe tomava todo o cuidado com minhas coisas, porque implicava com as empregadas, e essas saíam.

Meu irmão e cunhada me evitavam, fizeram festa para o filho, de aniversário, e não me convidaram. Nenhum deles foi conhecer minha casa. Reclamei para minha mãe e escutei dela:

— É o resultado de ser intolerante. Sinto por isto. Mude sua maneira de agir, e isso não ocorrerá mais; eles gostam de você, mas não suportam suas implicâncias.

Tentei, mas, para mim, era difícil; meus sobrinhos, para mim, não tinham limites, eram sem educação.

Preocupava-me com meus pais; se estavam doentes, os levava aos médicos, verificava se tomavam os remédios. Eles reclamavam que eu exagerava e que os incomodava.

Todas as vezes que me chamavam a atenção, me exaltava, me defendia acusando. Meu pai parou de falar comigo, somente o fazia se era essencial. Mamãe, com jeitinho, me pediu para não ir mais tanto à casa deles e disse que eu não precisava me preocupar com eles.

Em casa, chorei muito.

Minha vida tornou-se solitária. Então tentei fazer amizades no trabalho, mas acabei por dar palpites nas atitudes das pessoas e passei a ser excluída. Voltei a ficar como antes, separada deles.

Papai desencarnou de repente, sofreu um acidente cardio-vascular. Mamãe ficou morando sozinha. Comentei que ela poderia morar comigo ou eu com ela. Mamãe reagiu de imediato:

— Não! Como morar com você ou você comigo? Meus outros filhos não viriam mais em casa nem os netos. De jeito nenhum. Estou bem sozinha.

Fui para a minha casa triste, aborrecida, sofri muito pelo que escutara. Era a incompreendida, somente por gostar, querer tudo certo.

Tentei frequentar mais a igreja para fazer amizades, mas logo vi defeitos nas pessoas: "este é grosseiro", "aquela, mal-educada", "fuma", "tem tique", "não tem higiene" etc. Não deu para fazer amizades.

Mamãe ficou doente, eu quis cuidar dela, mas minhas irmãs não deixaram.

— Eliete, se você vier para cá, espantará todos; mamãe nos quer perto, todos nós, e os netos. Venha, sim, fique com ela, vamos escalar horários.

Entendi que, quando eu ficava, elas não vinham. Fiz de tudo para mamãe: esforcei-me, consegui ter paciência e, no meu horário, a tratei muito bem. Amava mamãe.

Senti muito, sofri quando minha mãe desencarnou. E fiquei sozinha. Minha vida tornou-se mais monótona, mas pelo menos não tinha ninguém para me incomodar.

Fiquei doente; minhas irmãs, uma de cada vez, iam me visitar, levavam alimentos, compravam coisas para mim. Tive hepatite. Sarei, voltei ao trabalho e encontrei outra pessoa no meu lugar, fazendo o meu serviço. O proprietário foi falar comigo, explicou que se modernizara, agora tudo era feito diferente e ele havia arrumado todos os meus papéis para que me aposentasse. Assustei-me. Não estava nos planos me aposentar, mas, orgulhosa, nada comentei. Aposentei-me. Aí foi pior, minha vida piorou muito. Ficava muito em casa. Tentei fazer amizade com meu irmão, que recusou, ele e minha cunhada não gostavam de mim; meus cunhados também não; e os sobrinhos eram indiferentes, eles estavam moços, e os interesses deles eram outros. Minhas irmãs me aceitavam, elas iam pouco à minha casa e, se eu fosse às delas, me tratavam bem, mas não me convidavam, as famílias delas não me queriam por perto.

Comecei a entender que não era tolerada e sofri por este motivo.

Quero contar outro fato; mamãe sempre ajudou pessoas, e eu reclamava: "Minha mãe, essa pessoa pode trabalhar"; "Essa não é grata"; "Por que ajudar essa entidade?"; "O hospital, é o governo que tem obrigação de ajudar" etc.

No meu trabalho, um colega teve uma filha doente, todos resolveram ajudá-lo, cada um dava uma quantia por mês. Depois, descobriram que ele arrecadara muito e que a filha estava recebendo o tratamento gratuito. Revoltei-me e decidi: "Nunca mais dou nada a ninguém".

O empregado foi demitido por ter agido com desonestidade e, tempos depois, a filha desencarnou, e ele passou por dificuldades.

— É o abuso tendo o retorno — concluíram.

Na igreja, dei cestas básicas e soube que uma pessoa que recebera a vendeu para comprar bebidas e cigarros. Não dei mais. Comentei que eles deveriam parar de doar, e uma senhora me explicou:

— Eliete, se, de cem, uma pessoa abusou, não é caso de parar. Muitos fazem bom uso do que recebem. Se quer confirmar, vá às casas deles. O que iremos fazer é prestar mais atenção, verificar, para doar àqueles que de fato necessitam. Porém o problema é de quem abusa.

Fiquei doente, minhas irmãs iam me ver, levar coisas, até meu irmão foi me visitar. Uma das minhas irmãs, pelo trabalho do marido, foi morar no exterior.

Piorei, me senti mesmo muito doente, minha irmã chegou para me ver, me encontrou mal, chamou a ambulância, fui levada para o hospital e, lá, direto para a terapia intensiva. Desencarnei cinco dias depois. No meu enterro, foram poucas pessoas. Minhas irmãs fecharam minha casa.

Quando minha irmã, que tinha a chave de minha casa, ao me visitar, me encontrou mal, eu me sentia realmente muito doente. No hospital me senti melhor, não me importei em ficar sozinha, vivia assim. Comecei a me lembrar de acontecimentos de minha vida: de papai me aconselhando; mamãe tentando me alertar; vi as implicâncias que tive com meus irmãos, colegas, com o namorado. Não aceitei as pessoas como elas são e não fui aceita.

Dormi e acordei no meu lar, na minha cama. Pensei que melhorara, e minhas irmãs me trouxeram para casa.

Desencarnei no hospital e, pela minha vontade, voltei para minha casa e ali fiquei. Perturbei-me e passei a viver como se estivesse encarnada. Pensava que minhas irmãs não queriam mais me ver.

Dormia, acordava, pensava nas coisas e as tinha, plasmava-as. Senti solidão e sofri.

Comecei a desconfiar de que algo acontecera comigo, mas não sabia o quê. "Será que morri? A morte é isto? Será? Será?", me perguntava.

Um dia, minhas três irmãs e dois sobrinhos moços entraram na casa. Passaram por mim e não me viram, assustei-me.

Cumprimentei-os, falei e percebi que eles não me viram nem ouviram, então fiquei num canto os observando.

— Não entendo por que deixaram a casa da tia Eliete tanto tempo fechada! — disse um sobrinho.

— Estávamos esperando você, minha irmã, voltar do exterior para virmos desfazê-la — explicou uma irmã, e a que estava morando fora respondeu:

— Não precisavam me esperar, mas, já que esperaram, vamos resolver logo. Eu não quero nada.

— Vamos ver o que tem nesta casa — a outra irmã pôs-se a abrir gavetas. — Este relógio está parado, era de mamãe, vou querê-lo para mim. Você, minha irmã, gostava do aparelho de jantar de Eliete, fique com ele — decidiu.

Foram mexendo em tudo, repartiram algumas coisas e decidiram que doariam tudo para o asilo que revendia móveis, utensílios domésticos e roupas. Não saí do canto e fiquei atenta, as escutando, naquele momento entendi que falecera. Pelos comentários, fazia três anos e oito meses que meu corpo físico morrera. Ouvi que elas venderam a casa e que logo o novo proprietário iria alugá-la. Sentei no chão e chorei, roguei perdão, ajuda e aí vi meus pais, que me abraçaram e consolaram.

Eles me levaram para um posto de socorro, entendi que desencarnara e tentei ser útil ao lugar que me abrigara. Porém logo comecei a dar palpites, a implicar. O orientador me chamou para conversar, ele me disse que não mudamos com a morte do corpo físico, o fazemos quando queremos, que não podia ali fazer o que sempre fizera. Mostrou-me vídeos de como era viver vagando, no Umbral, e me aconselhou a não criticar mais. Fui transferida para uma colônia para estudar e frequentar um curso que me ajudaria a entender minhas tendências ruins e modificá-las.

Tenho me esforçado para me modificar, isso deveria ter sido feito quando encarnada. "Se" tivesse pelo menos tentado, teria sido uma filha melhor e não teria dado tantas preocupações para meus pais, principalmente para mamãe. Teria talvez dado certo com o namorado ou arrumado outro. Teria sido amada como cunhada, irmã e tia. Queria que todos agissem certo e fui eu a agir errado. Mas, "se" não tivesse sido assim, como seria?

Eliete

— Eliete, você poderia nos contar mais de seu sofrimento? — pedi.

— Sofri muito. Todas as vezes que me sentia discriminada sofria, chorava, porém julgava estar certa. Por algumas vezes pensei que deveria mudar de atitude, até tentava, mas não mudei. Senti solidão, o afastamento da família e agora entendo que, para eles, era difícil conviver comigo. Sofri também no período que fiquei desencarnada na minha casa, fechada, sem entender o que acontecia. Porém, nesse tempo, se orei, não foi de modo sincero e achava injusto meu sofrimento.

— O que quer mudar em você, nas suas atitudes? — quis saber.

— Não quero ser mais assim, me julgar sempre com razão e certa. Quero ter compaixão com os erros alheios. Porque era eu quem mais errava quando era intolerante. Penso que, não aceitando o outro como ele é, não somos aceitos.

— O que pensa em fazer?

— Passar da turma do "se" para a do "ainda bem" — determinou Eliete. — Quero me esforçar. Gosto muito de um trecho de *O Evangelho segundo o espiritismo*, de Allan Kardec, que está no capítulo vinte e oito, item trinta, "Submissão e Resignação": "Quando sofremos uma aflição, se procurarmos a sua causa, encontraremos sempre na nossa imprudência, na nossa imprevidência, ou alguma ação anterior. Nesses casos, como se vê, temos de atribuí-la a nós mesmos... neste caso, pela natureza da expiação, podemos conhecer a natureza da falta, desde que somos sempre punidos naquilo que pecamos". Fui a causa do meu sofrimento. É triste, mas fiz isso com minha vida.

— Desejo a você tranquilidade. Obrigado por nos contar sua experiência de vida — agradeci-a.

— Quero mesmo ter tranquilidade e sei que, para tê-la, tenho de conquistá-la. Posso contar um sonho que tive quando estava encarnada? — com a afirmativa daqueles que a ouviam, narrou: — Passei o dia muito aborrecida, porque fora aniversário de uma das minhas sobrinhas, eles foram comemorar em um restaurante, e eu não fui convidada. À noite, orei como de costume, porém o fiz com mais fervor e pensei que queria ter mais paciência com os outros. Dormi e sonhei que estava num local bonito, vi uma mulher de roupas claras, mas não vi o seu rosto, e ela me perguntou: "O que quer?". "Paciência", respondi rogando. "Pegue esta sementinha e plante no seu coração." "Como? Não vai me dar a paciência?", sentia ela me amparando e escutei: "Quer algo pronto? Como se a paciência fosse algo material! Um saco de paciência? Ninguém recebe virtudes assim. Estas, temos de conquistar. Estou lhe dando a semente da paciência, você precisa plantá-la, cuidar dela com carinho, esperar brotar, não matá-la com fluidos da ira, protegê-la do nervosismo, aí terá a paciência como uma bela planta que lhe dará sombra e frutos". "Mas assim é difícil!", reclamei. "Cite uma razão para você ter esse privilégio e já receber a planta crescida e florida." Não tive como responder e acordei. Devia, quando encarnada, ter prestado mais atenção neste sonho. Pena que não o fiz. Obrigada a todos.

Explicação do Antônio Carlos:

Pena que Eliete não prestou atenção no seu sonho. Tenho escutado pessoas dizerem que queriam ser mais tranquilas, não se irritar, ser tolerantes, caridosas e aí citam as virtudes, querem receber sem esforço, como uma graça, e de graça. Porém virtudes não são doadas, são conquistadas com trabalho, com perseverança, tratadas com carinho como uma sementinha que tem de ser cultivada, cuidada, para brotar dentro de nós. É um treino diário, um pouquinho de cada vez.

Quis contar a história de vida de Eliete, embora ela tenha sido exagerada, para nos alertar que vícios nos fazem sofrer. Eliete foi demais intolerante. A maioria de nós não é tanto assim: uns são um pouco impacientes; outros, um pouco coléricos; e assim vai. O fato é que devemos reconhecer nossas deficiências e nos esforçar para não ser mais viciosos e adquirir o oposto, virtudes. Mas sem nos esquecer de que quem faz essa troca somos nós. Todos nós temos o livre-arbítrio e fazemos de nossa vida o que queremos. Escolhas erradas, as reações com certeza não serão agradáveis.

Outras pessoas lamentaram profundamente o "se" de terem se encolerizado e feito algo de que muito se arrependem. Quantas pessoas que, intolerantes, fizeram inimizades e se arrependeram. É como o trecho de *O Evangelho segundo o espiritismo* que Eliete citou; muitas reações de dificuldade, até de sofrimento, são provocadas pelos nossos atos impensados. Infelizmente, algumas pessoas sabem o que lhes pode acontecer se continuarem com suas atitudes equivocadas, mas não param. Exemplo: um fumante sabe que pode ter um câncer e, se ficar doente, não terá sido por causas anteriores, de outras vidas, será por esta mesma, foi porque fumou. E assim é com tóxico, bebida e pelas outras atitudes imprudentes. Um senhor, ao escutá-la num dos nossos encontros, comentou:

— Eu, quando encarnado, fui muito preguiçoso e, por não trabalhar, fiquei muito pobre e sofri na miséria.

Houve mais alguns comentários: sofreram e sabiam bem o porquê; foi por imprudência e receberam as respostas.

O melhor é reconhecer nossas deficiências e fazer um propósito de nos melhorar, tornarmo-nos pessoas melhores e lembrar sempre: ajude-se que o céu o ajudará. Aja com as pessoas como gostaria que elas agissem com você.

O sonho de Eliete certamente foi com um espírito bondoso, que, pelas suas orações, foi tentar orientá-la. Orações sinceras não ficam sem respostas. Às vezes não é a resposta que queríamos, mas com certeza é a que precisamos.

Você que agora lê, quero que saiba que lhe tenho muita estima, se eu pudesse, daria a você um saquinho de sementes de paciência, tolerância, amizade, amor, todas as virtudes. Mas, se não posso dar, você pode adquirir; para isto ore, rogue e receberá as sementes, porém cabe a você cultivá-las.

Que Deus nos ajude a ser pessoas melhores!

CAPÍTULO 12

O "SE" DE CHARLES

Nasci, cresci e sempre morei numa cidade pequena cercada de montanhas, lugar onde fazia muito frio.

Fui uma pessoa bonita, desde menino chamava atenção pelo meu porte elegante, cabelos castanho-avermelhados, olhos verdes, meus traços se harmonizavam. Tornei-me adolescente e depois um homem bonito.

Para mim tudo estava bem: menino, participava das brincadeiras com meus amigos; depois, jovem, de festas e bailes.

Meu pai era dono de um comércio onde se vendia de tudo, principalmente materiais agrícolas. Tinha um irmão e uma irmã que eram mais velhos que eu. Minha irmã era feia e, para mim, era chata, mas convivíamos bem. Estava com onze anos quando parei de estudar e fui trabalhar com meu pai.

Meu irmão tinha planos de ir embora dali, ir para uma cidade grande, quando sua namorada ficou grávida e ele se casou. O comércio de papai nos sustentava, mas ficou difícil sustentar duas famílias. Eu gostava da cidade, mas tinha de resolver minha vida, não conseguiria me sustentar com o comércio de meu pai.

Naquele lugar havia um fazendeiro importante, o homem mais rico, não somente da nossa cidade, mas da região. Ele e a família eram pessoas discretas, moravam perto da cidade, onde se iniciava sua fazenda, numa mansão de muitos cômodos, que poucas pessoas da cidade conheciam por dentro. Este senhor tinha muitos empregados, e estes moravam na cidade ou na fazenda, mas longe da sede. Também tinha empregados domésticos que moravam na casa. Eram estes que comentavam como era a mansão. Este fazendeiro teve três filhos, dois homens e uma mulher. Comentavam que o filho mais velho sofria de uma doença mental e não saía de casa ou o fazia raramente, não ia à cidade. Gertrudes era a filha do meio, e o caçula, um rapaz esperto, trabalhador e interessado na fazenda. Com dezessete anos, este moço sofreu um acidente, dirigia um trator que virou, incendiou-se e ele desencarnou. O casal sofreu muito.

Estava acostumado com olhares das moças, porém sabia que ali não se podia agir levianamente, os namoros tinham de ser sérios: se namorava, tinha de casar. Tinha cuidado, não queria casar e ainda não havia me interessado por nenhuma moça.

— Charles — alertou minha irmã —, Gertrudes tem olhado muito para você.

Não havia notado, mas, no encontro seguinte, a vi na igreja, percebi que me olhava. Gertrudes era três anos mais velha do que eu. Reunimo-nos em casa e escutei conselhos:

— Você deve prestar atenção em Gertrudes — pediu meu irmão —, ela é a única herdeira do homem mais rico da região. Um irmão dela morreu, e o outro é doente. Se ela quiser você, não precisará ir embora daqui nem se preocupar com o futuro.

Minha mãe pensou mais em mim:

— Filho, ter dinheiro é bom, mas não é tudo. Gertrudes não é bonita. Será feliz com ela?

Meu pai também opinou:

— Charles, nosso comércio não sustenta três famílias. Se você não gostou até agora de nenhuma moça da região, pode gostar dela. Porém será que o pai de Gertrudes a deixará se casar com você?

Minha irmã foi a que mais me incentivou:

— Charles, será fácil conquistar Gertrudes. Você é bonito, educado, boa pessoa e de família honrada. Não tem dinheiro, porém penso que, se Gertrudes quiser você, o pai dela não irá se opor. Afinal, penso que ele quer casá-la para ter netos, senão a família dele acaba. Invista nela!

Pensei bem e resolvi tentar: correspondi aos seus olhares e, no baile seguinte, a tirei para dançar e ficamos juntos o baile todo. Não senti nada por ela. Mas Gertrudes resolveu me namorar. O pai dela foi à nossa casa conversar com meus pais e comigo. Deixou claro que eu não era o marido que idealizara para a filha, mas me aceitava. Começamos a namorar.

Cidade pequena, houve muitos falatórios. Como se fosse algo que tinha de acontecer, ficamos noivos e nos casamos numa grande festa. Fui morar na mansão.

De fato, a casa era grande; fora reservado para nós, Gertrudes e eu, um aposento enorme, muito bem mobiliado, afastado dos quartos de seu pai e do seu irmão.

Já tinha visto Luidi, o irmão dela; ele não foi ao nosso casamento, o conheci mesmo quando fui morar na mansão.

Meu sogro concordou com nosso casamento, mas o fez de um modo que eu fiquei como um figurante, foi assim que me senti, não tinha direito a nada. Recebia um ordenado por mês, nada seria meu se Gertrudes desencarnasse. Não se comentou o que aconteceria se me separasse, ali casais não costumavam se separar.

Vou contar como foi minha vida na mansão. Gertrudes pacientemente me ensinou a me comportar, não que eu não soubesse, mas me ensinou a ter "fineza", como ela dizia, a usar talheres, a beber e até como me comportar com visitas. Nos preparativos para o casamento, ficou claro que minha família não podia me visitar; éramos nós, Gertrudes e eu ou eu sozinho, a visitá-los. Justificaram que Luidi não gostava de visitas. Era interessado e passei a sair pela fazenda com meu sogro e aprendi rápido como administrá-la. Dois anos depois, tornei-me um ajudante perfeito. Meu sogro me aceitou como genro porque Gertrudes insistiu e também porque não queria que a filha se casasse com alguém de outra cidade e fosse embora. Com o tempo, além de me aceitar, gostou de mim.

Dava muito do meu ordenado para meus pais, depois passei a dar mais coisas. Minha irmã casou-se com um viúvo, eu sempre a ajudei.

Dediquei-me ao trabalho. Meu sogro era um patrão humano e gostei da atitude dele e do meu trabalho na fazenda.

Preferia a casa dos meus pais que a mansão. Convivi mais com meu sogro por trabalharmos juntos. Minha sogra estava sempre triste, adoentada e cuidava muito do filho doente.

Luidi era um moço bonito se estava tranquilo; quando se agitava, se transformava, senti medo nas primeiras vezes que vi suas crises. Às vezes estas crises eram tão assustadoras que o amarravam numa poltrona ou na cama. Quanto gritava muito, o amordaçavam. Sem as crises, ele se sentava à mesa para as refeições, quase não falava, ficava muito de cabeça baixa, alimentava-se pouco; se nos sentávamos na sala, ele ficava calado, parecia alheio a todos e a tudo.

Logo que me casei, acordei uma noite com os gritos dele. Assustei-me e me levantei, Gertrudes me acalmou:

— Charles, mamãe irá acudi-lo, ela sabe como fazê-lo. Não se preocupe, logo ele se acalma.

Eram muitas as noites que ele gritava. Não entendia bem o que acontecia com Luidi, meu sogro já o havia levado a vários médicos nas cidades grandes, o diagnóstico era de uma doença mental.

No tempo que convivi com Luidi, trocamos poucas palavras e me acostumei com seus gritos.

Meu convívio com Gertrudes até hoje não sei defini-lo. Conversávamos o necessário, penso que ela me teve como um objeto, para pai dos filhos que queria ter; talvez, do modo dela, tenha gostado de mim. Era uma mulher fogosa, gostava de sexo. Não a amei, penso que às vezes gostava dela. Foi um relacionamento peculiar.

Quando nasceu nosso primeiro filho, foi uma festa, o garoto recebeu o nome do irmão de Gertrudes que desencarnara. Não opinei. Depois nasceu outro menino, que recebeu o nome do meu sogro e, após, tivemos uma menina.

Minha sogra estava sempre doente, mas se distraía com os netos, as crianças alegravam a mansão, meu sogro gostava de pegá-las. Surgiu um problema que nos deixou atentos, Luidi começou a falar em matar crianças, isto nos preocupou e elas passaram a ser vigiadas e Luidi também.

Uma tarde, aproximei-me de Luidi, perguntei a ele se gostava de crianças e me arrepiei quando escutei:

— Até demais: de estuprá-las, matá-las e beber seu sangue — seus olhos ficaram avermelhados, ele riu depois gritou.

Contei para Gertrudes, que comentou:

— Já escutei isto dele, porém Luidi não faz isto, penso que não o fará. Ficarei mais atenta.

Meu sogro, que parecia estar sadio, sofreu um ataque do coração e desencarnou. Nesta época, estava a par de todo o seu trabalho e passei a cuidar de tudo. Minha sogra, mesmo doente, era quem cuidava de Luidi, que o acalmava. Ela ficou arrasada com a desencarnação do marido e com medo do que podia acontecer com o filho doente se ela desencarnasse.

— Coloco Luidi no outro dia num sanatório — determinou Gertrudes. — Não temos outra opção.

Numa manhã, Luidi não acordou, desencarnou dormindo, isto foi para todos. Porém, Gertrudes e eu sabíamos que minha sogra dera veneno para o filho.

— Estou para morrer — justificou ela para nós dois —, entendo que vocês não podem conviver com Luidi sempre falando em matar crianças. Temos três lindas e sadias aqui nesta casa. Não teriam como estar com ele aqui depois que eu morrer, não posso, não quero deixá-lo num sanatório, onde, por tratamentos, ele iria sofrer mais ainda. Que Deus me perdoe e me entenda como uma mãe desesperada. Foi o melhor!

Minha sogra não desencarnou, viveu ainda doente por cinco anos.

Até aqui, tudo bem. Mas... Aí vem o meu "se". Quando aconteceu, meus filhos eram pequenos, meu sogro havia desencarnado havia oito meses.

Perto da cidade havia um lago, um lugar tranquilo, bonito, um reservatório de água. Gostava de ir lá desde garoto para brincar, nadar e também ia quando jovem. Suas águas eram muito frias. Continuei a ir lá, não nadava mais; quando ia, sentava a suas margens e ficava olhando a paisagem, a água, isto me acalmava.

Foi numa tarde que, ao chegar no lago, vi uma pessoa nadando nas suas águas: nadava bem, estava sozinha e, pelos cabelos, deduzi que era mulher. Até me preparei para socorrê-la. Depois vi que era uma boa nadadora. Sentei e fiquei observando curioso. "Quem, na região, ainda mais uma mulher, viria nadar aqui, e sozinha?" De fato era uma mulher, moça, saiu da água com roupa de banho, pegou um roupão que deixara às margens e se enxugou. Aproximei-me tentando não assustá-la.

— Boa tarde, moça! — ela me olhou.

Achei-a linda, tinha os olhos azuis, os mais azuis que eu já vira. Respondeu sorrindo. Conversamos sobre a água, ela disse que gostava de nadar. Ofereci carona. Tinha dois automóveis:

um modelo caro e o outro mais simples, que eu usava para me locomover pelo lugar. Ela aceitou, fomos conversando, e eu a deixei perto da cidade. Justifiquei que ali não era bom ver uma moça sozinha com um homem. Fui à casa de meus pais e lá fiquei sabendo quem era a garota: se chamava Ione, tinha dezoito anos, era filha única, seus pais haviam desencarnado num acidente, e ela então fora morar com uma tia, irmã de seu pai, que residia na cidade e tinha um café.

Tentei saber tudo sobre ela. Raramente ia ao café, mas fui lá e a vi, trabalhava como garçonete, percebi que ela se assustou ao saber quem eu era. Serviu-me. Voltei ao lago no horário que sabia que o café ficava fechado. Encontrei-a, conversamos. Foi no segundo encontro que entendi que eu a amava. Ione, na terceira vez que me viu no lago, falou que não era bom nos verem ali, que eu era casado, uma pessoa importante, e que, mesmo nossos encontros sendo inocentes, não era conveniente conversarmos. Disse que não voltaria mais ao lago, embora gostasse de nadar. E não voltou mesmo. Eu ia e a esperava. Comecei a ir ao café ou me sentar num banco da praça em frente ao estabelecimento. Na cidade, estava sempre tendo bailes, Gertrudes e eu às vezes íamos; no seguinte, quis ir, queria ver Ione. Foi com muito ciúmes que a vi dançar, ainda mais com um moço, era o Jeffer, um rapaz da cidade que trabalhava com o pai num pequeno comércio.

Apaixonado, estava inquieto e sentia muito ciúmes. A tia dela percebeu meu interesse pela sobrinha e, com medo, a mandou para uma casa, uma chácara que ela tinha perto da cidade. Para todos, Ione voltara para a cidade que morava. Acabei descobrindo onde ela estava, segui Jeffer, que fora visitá-la. Fui vê-la, mas a encontrei com Jeffer, os dois estavam juntos na casa. Fui lá para perguntar se ela precisava de alguma coisa. Jeffer fez questão de me mostrar que estava ali com ela. Notei que Ione estava com medo de mim.

Fiquei transtornado pelo ciúmes. Para contar o resto, tenho de narrar outros fatos.

Havia, perto da cidade, entre a que morava e uma outra, um grande convento. Freiras cuidavam de um orfanato e também de idosos. Meu sogro fora o principal provedor, doava muitas coisas para eles, sustentava-os. Após sua desencarnação, continuamos, minha sogra, Gertrudes e eu, a ajudá-los. Também na fazenda morava uma família com três filhos adultos, eram empregados fiéis; logo que meu sogro passou a confiar em mim, contou que eles já haviam matado pessoas por dinheiro, que era uma segurança tê-los na fazenda, porque nunca se sabia o que poderia ocorrer ou precisar.

Desesperado pelo ciúmes, fui até estes empregados e paguei para que matassem Jeffer e fizessem parecer um acidente. Eles, como haviam me contado, estudariam os hábitos da pessoa e planejariam. Depois de três semanas, Jeffer apareceu morto, tudo indicava que tinha caído de uma árvore alta, mas ninguém entendeu como ele caiu e por que teria subido.

Fui ver Ione, a encontrei chorando, triste, não me deu atenção, contou que estava grávida e me mandou embora.

Não suportei o desprezo dela, sofri. Entendi que Ione era bonita e que logo arrumaria outra pessoa, e eu mataria quantos? Resolvi enclausurá-la. Fui ao convento, conversei com a madre superiora. Exigi que ela recebesse Ione no convento para ela ter uma gravidez com cuidados. A madre foi até ela, a convidou para que ficasse no convento abrigada para ter o filho. Ione aceitou e ficou no convento. Ali, naquela época, mulheres solteiras normalmente doavam seus filhos, era muito difícil ser mãe sem ser casada. A tia de Ione não quis recebê-la mais. Fui visitá-la; não sei como, mas Ione, penso que sentiu que fora eu a causa de seu sofrimento, não quis conversar comigo.

Ordenei à madre superiora que ela doasse a criança de Ione e dissesse a ela que o filho nascera morto. Assim foi feito: a madre ajudou no parto, deu sonífero para Ione, pegou a criança e doou para um casal que não tinha filhos, o homem foi buscar. A madre superiora afirmou para Ione que seu filho nascera morto.

Exigi que ela ficasse no convento. Recuperada, ela pensou em ir embora, mas a madre superiora a segurou, dizia que ela, ali, teria abrigo, amizade, então ela passou a trabalhar no convento. Ione sofreu muito pensando que o filho morrera, ia orar sempre na falsa sepultura dele no cemitério. A madre deu a desculpa de que enterrara a criança sem ela vê-la porque ela ficara em coma e o nenê tinha de ser enterrado. Ione não ficou em coma, ficou sedada. Mas ela acreditou. Tinha notícias dela. Ione acomodou-se. Não tinha parentes, já que, quando precisou, a tia não lhe deu apoio, não tinha ninguém e nem para onde ir. Ficou no convento como empregada.

Com isto tudo acontecendo, Gertrudes não percebeu, estava com problemas com a mãe doente, com o irmão e os filhos pequenos.

Demorei para visitar Ione. Eu o fiz por duas vezes. Ela se esforçou para ser educada, mas demonstrou não gostar de mim. Falou o porquê:

— Se o senhor não tivesse se interessado por mim, minha tia não teria me levado para a casa na chácara e não teria ficado sozinha. Na cidade, teria namorado Jeffer e me casado. Encontramo-nos na chácara, nos amamos e fiquei grávida, íamos nos casar. Não quero mais vê-lo. Não sei o porquê, mas sinto que não devo gostar do senhor.

Fui embora triste. Continuei amando-a, e muito, mas sosseguei; ela, no convento, estaria sozinha.

Meus filhos cresceram, estudaram, casaram e me sentia muito sozinho, então comecei a me arrepender. Ione, a não ser no primeiro encontro, quando não sabia quem eu era, foi gentil; depois não, demonstrou não querer nada comigo. Também não tive coragem de largar tudo, porque, se me separasse de Gertrudes, não teria nada. Ione não demonstrou interesse por mim, ela não teve culpa de nada. Sabia do filho dela, ele estava bem, fora filho único do casal que o adotara, e seus pais morreram. Morava em outra cidade. Escrevi uma carta anônima para ele contando que fora adotado, que ele nascera no convento, escrevi dia e hora e quem era sua mãe, disse que ela estava viva e no convento. Ele com certeza pensou muito, resolveu investigar. Fiquei sabendo que ele foi ao convento e que, após, levou Ione para morar com ele. Este moço era parecidíssimo com Jeffer. A madre superiora que me ajudara a fazer isto havia desencarnado.

Estava velho, aborrecido com minha vida, Gertrudes e eu continuávamos, como sempre, juntos e separados. Para ela sempre tudo estava bem, amava os filhos, os netos, orgulhava-se de sua família. Eu sentia que trabalhara para ela, para os filhos, depois para os netos. Ainda amava Ione, sempre a amei. Fui várias vezes à cidade que ela morava com o filho. Por duas vezes a vi de longe, estava alegre, sorrindo com o filho.

Fiquei doente, acamado por dias, e Gertrudes cuidou de mim; entendi que, do modo dela, me queria bem. Melhorei, mas, meses depois, adoeci novamente, fiquei muito doente por meses e desencarnei.

Fui socorrido por uma bondosa freira que, carinhosamente, pegou na minha mão e disse:

— Venha, senhor Charles. Não pode ficar assim, venha comigo — fui socorrido, achei imerecido, mas fiquei abrigado e agradecido.

Fiz estes atos errados, porém fui bom filho, ajudei muito minha família, fui bom patrão, sempre ajudei o convento, supri o orfanato e o asilo. Fiz muitas caridades, emprestei dinheiro sem juros para vizinhos, pessoas na cidade. Era querido e recebi muitas orações quando desencarnei. Por que fiz estas maldades? Por quê? Como me indaguei e sofri. Poderia ter amado Ione, mas não interferido na vida dela como fiz. Por que mandei assassinar Jeffer? Os erros me incomodam. No Plano Espiritual, soube da reencarnação e que Luidi fora, em duas encarnações passadas dele, um estuprador e que matara doze crianças e sugava o sangue delas. Nesta fora obsediado, perseguido por espíritos que não o perdoaram, por pais que queriam se vingar. A mãe o matou, nesta encarnação ele não cometeu erros, foi perseguido e sofreu, pôde ser socorrido quando desencarnou e foi orientado.

Não entendi minha paixão obsessiva por Ione. Se a amava, não era para querer bem a ela? Eu a fiz infeliz. Tentei ficar bem no local onde estou abrigado. Quando Ione desencarnou, ao saber que ela estava bem, fui visitá-la. Contei a ela o que fizera. Ione chorou, ela pensava que fora somente a madre superiora que tivera a ideia de doar seu filho pensando que era para o bem de ambos. Roguei perdão, ela me respondeu:

— Se tivesse feito alguma coisa para ter despertado este amor doentio em você, poderia dizer que fui leviana. Mas não fiz isto. Mandou matar Jeffer, que sofreu por ter desencarnado jovem e ter me deixado grávida. Ele está reencarnado e bem. Gostávamos um do outro, gostei de Jeffer, mas amei mesmo foi meu filho, e você me fez acreditar que ele morrera. Vivemos somente por cinco anos juntos. Ainda bem que ele teve ótimos pais adotivos. Pede perdão como se não tivesse feito nada? Pois fez, e muito. Sofri demais. Posso perdoar, porque, se não o fizer, não seria cristão, e eu sou cristã. Com certeza eu tinha de passar por tudo isto. Alegro-me porque, mesmo sofrendo, fiz coisas boas, fui caridosa. Perdoo, mas não quero vê-lo nunca mais. Até para reencarnar, quero fazê-lo de tal forma que será impossível me encontrar com você. Agora saia, por favor, sua presença me faz mal.

Saí arrasado, penso que não poderia ser diferente. Eu mesmo não entendi o que fiz. Não nos vimos mais porque Ione não quer me ver e agora não tenho nem como saber dela. Sei que devo deixá-la.

Ai, meu Deus! Se não tivesse feito estes atos errados, não teria essa dor que está sempre presente em mim.

Meu "se" é de dor.

Charles

— Charles, você ainda ama Ione? — quis saber.

— Sim, eu a amo. Tenho participado de um estudo para aprender a amar. Duas vezes por semana nos reunimos, isto tem me feito bem. Quero amar de tal forma que, esteja perto ou longe, deseje que o outro seja feliz. Meu amor por Ione foi doentio.

— Você vai respeitar o desejo dela de não estar perto?

— Sim, irei — determinou Charles. — Sei agora que existe reencarnação. Penso que é melhor não estar perto dela. Será que, esquecendo, reencarnado, se encontrá-la, irei sentir novamente este amor que tanto me fez sofrer pelo remorso? Não quero arriscar. Depois, tenho a marca de que fui homicida. Como será minha reencarnação? Desejo muito pagar pelo que fiz e ficar livre do remorso.

— Você tem planos para o futuro? — perguntei.

— Não fiz planos. No momento, quero continuar aprendendo, trabalhando, como tratamento para amar de modo certo. Tenho lido e meditado muito sobre um trecho de *O Evangelho segundo o espiritismo*, capítulo dezessete, "Sede perfeitos", "*Instrução dos espíritos*: o dever", de Lázaro: "O dever é a obrigação moral, primeiro para consigo mesmo; e depois para com os outros... Na ordem dos sentimentos, o dever é muito difícil de ser cumprido, porque se encontra em antagonismo com as seduções do interesse e do coração. Suas vitórias não têm testemunhas, e suas derrotas não sofrem repressão. O dever íntimo do homem está entregue ao seu livre-arbítrio: o aguilhão da consciência, esse guardião da probidade interior, o adverte e sustenta, mas ele se mostra frequentemente impotente diante dos sofismas da paixão. O dever do coração, fielmente observado, eleva o homem. Mas como precisar esse dever? Onde ele começa? Onde acaba? *O dever começa precisamente no ponto em que ameaçais a felicidade ou a tranquilidade do nosso próximo, e termina no limite que não desejaríeis ser transposto em relação a vós mesmos"*.

— Charles, você não pensa em continuar fazendo o bem e quitar esta dívida pelo amor a todos? Você gosta de fazer o bem. Pelos seus atos bons, sua mancha não é tão forte.

— Não sei! — respondeu Charles. — Gosto de fato de fazer o bem; quando sinto a gratidão dos meus beneficiados, alegro--me, porém não consigo esquecer o que fiz, me perdoar. Posso mudar a forma de pensar; se não mudar, quero quitar pela dor meus dois erros.

— Você se recordou de suas vidas passadas?

— Pouca coisa — Charles suspirou. — Se quer saber se já estive com lone para amá-la como amei, não fiquei sabendo. Pelo que me recordei, não, não estive com ela.

— Desejo a você, Charles, muita paz.

— É o que de fato preciso, de paz.

Explicação do Antônio Carlos:

Temos oportunidades, pela misericórdia de Deus, de reparar nossas faltas pelo trabalho no bem, para o bem e com amor. São muitos espíritos que se preparam, no Plano Espiritual, fazem planos para fazer isto, desfrutar desta opção, porém, reencarnados, sentem as dificuldades, refazem estes planos e, infelizmente, a dor vem para fazê-los quitar. Poucos, como Charles, não confiam em si mesmos e escolhem a dor, que é às vezes mais suave que a do remorso. Aqui, cito os espíritos que podem fazer esta escolha, são os moradores de postos de socorro ou colônias. Infelizmente, há os que não têm como ou por que escolher, são os que perderam oportunidades e lhes resta resgatar pela dor.

Pode acontecer de um espírito como Charles, que fez o bem, gosta de fazê-lo, de ser útil, programar um resgate pelo sofrimento, mas, reencarnado, ao fazer o bem, anule seus erros, mudem os planos, e ele repare pelo amor. Nada é taxativo, pelo nosso livre-arbítrio mudamos a nossa programação para o bem ou, infelizmente, para a dor.

Muitas pessoas pensam que, por amarem demais, já estiveram com aquela pessoa em outras vidas. Normalmente sim, mas nem sempre. Charles amou Ione somente por vê-la, esteve com ela poucas vezes. Espero que, com a ajuda que está recebendo no curso para aprender amar, ele aprenda mesmo.

Quanto a reencarnarem longe para não se encontrarem, não é garantido. Tantas pessoas não imigram até de um país para outro? Ione não morava numa cidade grande, ficou órfã e foi morar com a tia? Não se pode afirmar que não irá se encontrar encarnado com determinada pessoa. Talvez, se Charles e Ione se encontrarem, ela sinta medo dele, antipatia ou até sentir que ele lhe fará algum mal. Talvez Charles, ao revê-la, poderá amá-la novamente. Porém espero que ele tenha aprendido a amar e que não faça nenhuma maldade a ela. Espero, desejo, que, pela vontade dos dois, que não se encontrem, pelo menos na próxima.

Pedi a Charles que escrevesse sua história de vida para compreender atitudes de muitas pessoas. Primeiro de Ione: ela sofreu, não se revoltou, tornou-se uma pessoa ativa no bem, cuidou de crianças e idosos no convento, com dedicação e carinho. Desencarnou, foi socorrida. Ela até então não sabia o que Charles lhe fizera, não simpatizava com ele porque pensava, e de fato foi, que, pelo seu interesse, a tia a colocara na chácara, onde ficou sozinha. Quando soube, chorou muito por ele ter lhe feito estas duas maldades. Ione fez o bem e, desinteressadamente, aprendeu a ser útil. Porém perdoou por obrigação, não o fez espontaneamente, não conseguiu amá-lo. Ao escutar Charles, eu pedi, ao orientador da colônia em que Ione está, notícias dela. Ione perdoou Charles, deseja que ele esteja bem e que fique longe dela, não quer nem revê-lo e espera que a dor o ensine. Então ela deseja o retorno para ele.

O que pensar de Charles? Foi bom filho, bom rico e, importante, bom patrão. Fez caridade material. Cometeu erros. Quem não erra? Atire a primeira pedra quem nunca errou. Estou me lembrando agora de um orador que, ao dar uma palestra num local aberto e ao citar esta passagem do Evangelho, um homem lhe atirou uma pedra, que acertou seu peito. O orador se indignou e perguntou: "O senhor nunca errou?". Ele respondeu: "Desta distância, não".

Quando eu estava no Plano Físico escutei muito e ainda escuto de encarnados: "Errar é humano, continuar errando é burrice". Errar é humano! Nesta história de vida, temos duas pessoas que fizeram muitas coisas certas e boas. Ione se recusou a amar aquele que lhe fez mal. Charles fez, entre as atitudes boas, duas más, duas grandes maldades. Por quê? Por ser humano? Penso que os dois ainda não compreenderam de fato os ensinamentos de Jesus. Porém ninguém não deve ser lembrado, julgado, somente pelos seus erros, os acertos contam também.

Quando ele contou sua história num encontro, um dos ouvintes perguntou para mim:

— Antônio Carlos, por que Charles, como homicida, pôde ser socorrido quando desencarnou?

Respondi:

— Primeiro porque se arrependeu. Segundo, ele foi ajudado por uma pessoa boa, uma freira muito caridosa, que, quando encarnada, pôde sempre contar com a ajuda financeira dele. "Granjeai amigos com dinheiro", aconselhou Jesus — as boas ações de Charles, se fossem pesadas, talvez elevassem esta parte da balança.

É difícil encontrar uma pessoa má que não tenha feito algo de bom, amado. Como também é difícil encontrar uma pessoa boa que não tenha feito atos equivocados. Pelo menos, enquanto caminhamos rumo ao progresso, infelizmente oscilamos ainda entre fazer o bem ou mal.

Importante é: não julgar ninguém pelos seus erros, tentar sempre ver nas pessoas atitudes boas. Se fez atos equivocados, arrepender-se, remediá-los e amar a todos.

CAPÍTULO 13

O "SE" DE BENEDITO

Herdei de meu avô um pedaço de terra, um sítio pequeno. Isto ocorreu porque meu pai desencarnou quando eu era pequeno. Minha mãe se casou de novo, fomos morar em outra cidade e tive então duas irmãs. Meu avô paterno, rico fazendeiro, ao desencarnar, deixou em testamento seus bens. Ele teve oito filhos. A fazenda foi dividida e eu recebi a parte de meu pai. Estava com quinze anos; soubemos, minha mãe, padrasto e eu, que fora lesado, a parte que cabia ao meu pai e que eu herdaria era bem maior. Não me importei e não tomei posse. Dois anos depois, um dos meus tios quis comprar minhas terras. Vendi e, com o dinheiro, comprei um sítio e fui trabalhar nele. Trabalhei muito, serviço rural não é fácil, tem época certa para plantar, colher e depende do tempo. Morava no sítio e ia de vez em quando à cidade e ficava na casa de minha mãe. Gostava do meu padrasto, que era boa pessoa.

SE NÃO FOSSE ASSIM... COMO SERIA?

Trabalhando muito e economizando, comprei mais terras e aumentei a propriedade, meu sítio se tornou uma fazenda produtiva. Tive alguns envolvimentos amorosos, mas sem importância. Estava com vinte e nove anos quando resolvi casar ou, pelo menos, tentar arrumar uma noiva. Comecei a ir a festas de família, ir a locais que boas moças frequentavam. Conheci Luzia num baile, achei-a bonita, simpática, ficamos conversando. Soube dela, era de boa família, trabalhadeira e acostumada a morar em fazenda. Começamos a namorar. Gostamos um do outro e nos casamos. Estava com trinta e um anos e era nove anos mais velho que ela.

Deu certo, de fato Luzia era honesta, trabalhadeira, além de me ajudar na fazenda, organizava o que eu deveria pagar e receber, cuidava da casa e de mim.

Esperamos ansiosos pelos filhos, Luzia mais do que eu, ela queria ser mãe. Tomou alguns remédios caseiros e foi depois de dois anos e meio de casados que ela engravidou. Mas, aos seis meses de gravidez, teve um aborto, o feto era um menino, minha esposa chorou muito, e eu fiquei triste e tentei consolá-la. Foi convivendo que penso que de fato o amor floresceu, eu a amava e ela a mim. Convivíamos muito bem.

Um ano depois Luzia engravidou novamente, desta vez cuidamos melhor da gravidez, mas, aos oito meses, Luzia se sentiu mal e teve o nenê, que nasceu morto, era outro menino. Sofremos muito. Procuramos, numa cidade grande, um médico especialista, ela fez muitos exames e tomou muitos remédios. O médico constatou que ela devia ficar hipertensa na gravidez. Demorou três anos para ela engravidar novamente; desta vez fez o pré-natal, ia muito à cidade para medir a pressão e a controlou com medicamentos e regimes. No sétimo mês de gravidez, Luzia ficou na cidade, na casa de seus pais.

Ia muito ficar com ela e, na trigésima oitava semana de gestação, tudo estava bem, ela entrou em trabalho de parto e fomos para o hospital. Fiquei aguardando numa sala, estava ansioso, com medo, queria muito um filho, mas também porque Luzia queria. Comigo na sala estava outro pai, era um trabalhador rural, empregado de uma fazenda que levara a esposa porque seus partos eram difíceis e ela estava também dando à luz o quinto filho. Ficamos conversando sobre assuntos rurais.

Já estávamos esperando por duas horas quando uma enfermeira foi dizer que a criança nascera e que tudo estava bem.

— Nasceu de quem? — indagamos nós dois juntos.

— É... não sei. Irei saber.

Mas, naquele instante, chegaram ao hospital muitos feridos e alguns em estado grave, um caminhão com trabalhadores da usina tombara. Foi uma correria no hospital, todos os médicos, enfermeiros, foram cuidar dos feridos. O senhor estava calmo, o que aguardava comigo, chamava-se Silvino. Eu estava aflito, entrei no hospital, na ala da maternidade, fui procurando e encontrei minha esposa num quarto, estava adormecida. Fui para o berçário, não havia ninguém ali, nenhuma enfermeira. Dois bebês estavam dormindo, um era o meu e o outro, de Silvino. As enfermeiras haviam somente os limpado e os deixado aquecidos nos bercinhos, estavam enrolados nos panos do hospital. No berço, escrito num papel, o nome da mãe. Olhei-os, o nenê com o nome de Luzia era uma menina frágil e o da mulher de Silvino era um menino forte e sadio.

Foi num impulso, troquei os papéis do berço. Assim, a menina, minha filha, nossa, de Luzia e minha, ficou para Silvino e esposa, e o menino, como nosso. Saí apressado dali e fui para perto de Luzia.

O acidente foi grave, desencarnaram cinco pessoas, onze ficaram feridos, sendo três em estado grave. O caminhão era pequeno e levava trabalhadores de um lugar para outro. Então um carro em alta velocidade entrou na pista dele e colidiram de frente. O fato é que o homem que dirigia o carro desencarnou, deixara uma carta se despedindo porque ia se suicidar por causa

SE NÃO FOSSE ASSIM... COMO SERIA?

de problemas financeiros. Foi um acontecimento triste. Foram chamados todos os médicos, enfermeiras, para ajudar. Chegou outra enfermeira para cuidar dos bebês. Trouxeram o menino vestido com as roupinhas que Luzia levara. Alegramo-nos com o garoto saudável. Ninguém desconfiou ou questionou. A esposa de Silvino, por ter tido um parto difícil, desmaiara depois e nem ficou sabendo o sexo do seu nenê. Luzia comentou que parecia ter escutado que era menina, mas concluiu que se confundira, porque os funcionários do hospital, sabendo do acidente, estavam preocupados, saíram logo da sala, e uma enfermeira a levou para o quarto.

Pensava, tinha certeza, de que nós não teríamos mais filhos. Se teríamos somente um, que este fosse homem. Não queria a outra criança franzina, que talvez morresse e Luzia sofresse.

O fato é que passei aqueles momentos sem pensar. Alegrei-me em ver Luzia feliz com o filho. Concluí que agira certo. Para Silvino, era o quinto filho, eles tinham os outros quatro; Luzia e eu, somente aquele.

Voltamos para casa muito contentes. Porém quis saber da menina, a filha de Silvino. Ao ir à cidade dez dias depois, passei pela fazenda do meu vizinho, a que ele trabalhava, e fui vê-lo. Eles moravam numa casinha pobre, sem conforto. Soube que a menina estava bem, que, embora pequena, era sadia e estava engordando. Ofereci emprego a ele, que aceitou. Tinha uma casa na minha fazenda vazia, que era muito melhor do que a que ele morava. Eles se mudaram para lá. Para que a menina, a nenê, que recebeu o nome de Adelina, tivesse mais conforto, eu construí uma boa casa de colono, e eles se mudaram: tinha banheiro, três quartos, sala e cozinha, todos cômodos grandes. Para que os outros empregados não achassem ruim, reformei todas as casas; assim, meus empregados, os colonos que moravam na fazenda, residiam em casas boas, confortáveis, com energia e água encanada.

Meu filho recebeu o nome de Carlos, que fora o nome do meu pai.

Tudo voltou ao normal. Decidimos, Luzia e eu, não termos mais filhos. Mas ela engravidou; desta vez teve uma gravidez tranquila, sem problemas e nasceu um menino, a quem demos o nome de Marcos, e, dois anos depois, tivemos uma menina, que se chamou Maria Aparecida, por uma promessa de Luzia, foi a nossa Cidinha.

Comecei, logo após Marcos ter nascido, a me atormentar, a sentir remorso por ter feito o que fiz: trocar as crianças.

Meus filhos cresciam fortes e sadios, e Carlos era grandalhão, desengonçado e muito arteiro. Estava sempre atento ao Silvino, à família dele e à Adelina.

Meus negócios estavam muito bem, progredi, ganhava muito dinheiro. Meus filhos poderiam estudar na cidade, mas Adelina ficaria sem estudar, então conversei com o prefeito: eu faria uma escola nas minhas terras, perto da estrada, e ele pagaria as professoras. Assim, fiz uma boa e espaçosa escola e a equipei. Matricularam todas as crianças da região e, um ano depois, teve curso noturno para adultos. Fiz com que todas as crianças da minha fazenda estudassem. Carlos e Adelina foram para a escola. Adelina era uma criança delicada, diferenciava-se de seus irmãos; era inteligente, estudiosa, diferente de Carlos, que não gostava de estudar. Meus filhos estudaram os quatro primeiros anos ali. Depois, Carlos foi estudar na cidade, mas não gostava, fez isto por dois anos e parou, gostava era da fazenda. Nas férias, contratava uma professora para dar aulas de reforço para meus filhos e convidei Adelina, que ia também.

Marcos e Cidinha, depois dos quatro anos estudados na fazenda, foram para a cidade e depois para universidades: Marcos fez agronomia, e Cidinha, medicina. Carlos, com dezessete anos, começou a namorar Adelina. Gostei, minha filha seria minha nora, mas, com sinceridade, pensava que ela merecia alguém melhor.

Carlos era muito diferente de nós: não era religioso, era grosseiro e, por mais que Luzia tentasse educá-lo, não conseguia; era respondão, briguento, o que ele gostava era de andar a cavalo, mandar e não era trabalhador.

Enquanto os irmãos estudavam, ele ficou na fazenda, namorou firme Adelina e se casaram. Tudo fiz por eles, foram morar numa casa boa e confortável. Eles já estavam casados quando Silvino ficou doente e foi internado no hospital, onde ficou por dias e desencarnou. Adelina era a caçula, os irmãos dela já tinham ido morar na cidade, e a mãe foi também. Eu estava sempre atento a Adelina e a defendia de Carlos, que infelizmente não era bom marido.

Eles tiveram dois filhos, um casal. Marcos se formou e foi para a fazenda com ideias ótimas, mas Carlos não gostou; para ele, que ali ficara, julgava que tinha mais direitos. Os dois passaram a discutir. Tentava apaziguar, e Luzia se entristecia com as brigas dos filhos.

Uma tarde, os dois, na sala de minha casa, começaram a brigar. Carlos achava que tinha direito à fazenda. Gritei com eles:

— Como vocês dois brigam pelo que ainda é meu? A fazenda é minha!

— Mas será nossa quando o senhor morrer — disse Carlos —, e penso que tenho mais direito, enquanto Marcos estudava, tinha boa vida, eu fiquei aqui.

— Você, Carlos, não estudou porque não quis — lembrei.

A discussão aumentou, gritei para pararem, não me obedeceram. Vi Carlos sacar uma arma, estava com um revólver na cintura; ele, assim como eu, tinha armas guardadas em casa, mas não andávamos armados. Apavorei-me e, quando ele apontou a arma para Marcos, entrei na frente e recebi dois tiros no peito. Caí. Fez-se silêncio. Vi Luzia correr para mim e Carlos saiu correndo.

Senti dor no peito, como se estivesse queimando, não consegui falar e revi a cena em que troquei as crianças, fiquei muito confuso, senti pessoas estranhas me pegando e dormi. Desencarnei.

O que aconteceu foi que as pessoas que vi foram minha mãe com socorristas, que me desligaram do corpo físico morto e me levaram para um local, um posto de socorro.

Não precisou ninguém me falar que mudara de plano; senti, quando acordei, que havia morrido. Estranhei muito, a morte era muito diferente do que eu pensava, acreditava. Senti Luzia sofrendo, assim como Marcos, Cidinha e Adelina.

Novamente num impulso, fui para minha casa, que sentia ser minha e não que apenas fora minha moradia.

O fato foi que me perturbei: chorava junto de Luzia, preocupava-me e, de repente, sentia os dois ferimentos no peito, sentia dor, confusão e já não sabia se estava encarnado ou desencarnado. Foi então que ajoelhei e orei, pedi piedade a Maria, mãe de Jesus. Vi minha mãe, corri para os seus braços, e ela me levou para o posto de socorro. Fazia dois anos e sete meses que fizera a minha passagem.

Desta vez aceitei minha mudança e fiz de tudo para me equilibrar, ser obediente e grato. Logo estava me sentindo bem, passei a fazer tarefas, foi ótimo me ocupar, assistir palestras, ler bons livros e depois aprender estudando.

Isto ocorreu comigo. Vou contar o que senti quando vaguei pelo meu ex-lar. Isto é muito triste, sofrido. No começo sabia que estava desencarnado, tentei ajudá-los e não consegui: sentia frio e me aquecia perto de alguém; fome, e me saciava quando alguém se alimentava; dormia muito em alguma das camas da casa; e ficava muito perto de Luzia.

Comecei a sentir dores nos ferimentos, eles passaram a sangrar e me perturbei, ora pensava que de fato estava morto, desencarnado, ora que estava encarnado. Luzia, sem compreender, me segurava perto dela. Minha esposa sofria muito, por minha desencarnação, pelo filho ter me assassinado e pela situação. Infelizmente, ela me pedia:

— Benedito, me ajude! O que faço? Ah, se você estivesse aqui... Amor da minha vida, não me abandone.

Desesperava-me por não conseguir ajudá-la. A atitude de Luzia me prendia junto dela. Foi muito sofrimento. Quando orei pedindo a Maria, mãe de Jesus, ajuda, minha mãe pôde então novamente me socorrer. Que imprudência é não aceitar a mudança de planos, querer ficar como encarnado! Prejudiquei Adelina e muito Luzia, que estava sempre doente, sentia-se fraca e desanimada, depois com dores no peito. Era eu quem transmitia a ela o que sentia e também a vampirizava; sem entender, sugava suas energias, a deixando fraca. Mas pensava: "Como deixá-los com tantos problemas?".

Contarei agora o que ocorreu com eles. Carlos quis ferir o irmão, achava injusto o irmão formado querer ser mais do que ele, que ficara na fazenda. Queria ser dono de tudo, com Luzia e eu vivos, ou seja, encarnados. Quando eu entrei na frente e recebi os tiros, por um segundo, ele se apavorou; depois pensou em fugir, e foi o que ele fez. Correu para a casa dele, pegou uma mala, Adelina quis saber o que acontecera, e ele a empurrou. Colocou algumas roupas na mala, juntou todo o dinheiro que tinha, pegou a camionete e foi embora. Ninguém o impediu, Marcos, Luzia e alguns empregados tentavam me socorrer. Levaram-me ao hospital na cidade, mas meu corpo físico já tinha parado suas funções. E, mesmo não havendo queixa, a polícia quis saber o que acontecera e foram atrás de Carlos.

Carlos não quis atirar em mim; embora pensasse que eu estava sendo injusto com ele, este filho julgava ter mais direito sobre a fazenda, ele já tinha decidido que aquela propriedade era dele. Pensou em assustar o irmão para ele ir embora, planejou feri-lo. Eu entrei na frente; para Carlos, o azar foi meu. Quando ele viu que os tiros me atingiram o peito, resolveu fugir. Tinha dinheiro guardado, não sabia que Carlos me roubava. Pegou o dinheiro, suas melhores roupas e resolveu ir embora, voltaria depois para se apossar de sua herança. Pegou a camionete nova e foi para o litoral, viajou o resto da tarde e a noite toda. Numa cidade litorânea, ele vendeu a camionete, comprou passagem num navio de carga, mas que também levava passageiros, muitos destes com problemas com a justiça. Iria para outro país, onde entraria clandestinamente.

Depois de dois dias no mar, como costumavam agir, os marujos matavam alguns passageiros, os que eles supunham ter dinheiro; assassinaram Carlos enquanto ele dormia e jogaram seu corpo no mar. Quatro dias após ele ter atirado em mim, ele foi morto. Carlos foi levado para o Umbral.

A polícia rastreou a camionete, encontrou e souberam que ele fugira num navio, não descobriram qual. Como não o encontraram, o deram como fugitivo.

Luzia sofreu demais, pela minha desencarnação e pelo ato do filho. Marcos passou a tomar conta da fazenda, de tudo. Adelina e os dois filhos foram morar com Luzia, e Marcos foi para a casa em que ela morava. Marcos se casou, sua mulher quis morar na cidade, então ele ficava lá e na fazenda.

Marcos é muito inteligente, boa pessoa, honesto; quis, quando se formou, colocar o que aprendera em prática na fazenda. Ele sabia que a fazenda não era dele, mas que um dia teria parte dela. Carlos e Marcos nunca foram amigos, eram muito diferentes, e esta diferença aumentou quando ele foi estudar.

Cidinha, depois que se formou, casou-se com outro médico e ficou residindo na cidade da família de seu esposo. Ela não se interessa pela fazenda nem pela herança. Marcos comprou a parte dela.

Luzia ia duas vezes por ano à casa de Cidinha, que aproveitava para cuidar da saúde da mãe. Minha filha ia uma vez por ano à casa da mãe, ficava poucos dias e preferia ficar na casa da cidade.

Minha esposa, quando me viu morto, estavam na sala Carlos, Marcos, ela e eu, determinou:

— Marcos, preste atenção, o tiro foi acidental; Carlos pegou a arma, Benedito foi tomar dele, e ela disparou. Entendeu? — foi assim que contaram o fato.

Marcos não gostou muito, mas atendeu à mãe. Luzia pensou: "Não posso fazer mais nada para Benedito, que está morto, mas posso fazer pelo meu filho e pelos meus netos. Não quero que eles sofram por ter um pai assassino".

Para todos, foi um acidente. Marcos contou somente para Cidinha, os dois sempre foram amigos, e ela guardou segredo. Adelina e Luzia se dão muito bem, são amigas, e as duas se dedicam a criar os dois filhos dela.

Marcos não deixa faltar nada para a mãe, é bom filho, mas é Adelina quem cuida dela. Na época das crianças estudarem, as duas se revezavam na casa da cidade para estarem com eles.

Luzia recebeu três casas de herança de sua família. Marcos a ajudou, e ela passou as quatro, também a que fora nossa na cidade, para nossos netos, filhos de Adelina. Marcos ficou com a fazenda, com a promessa de ajudar nos estudos dos sobrinhos, e colocou dinheiro na poupança no nome dos dois. Este meu filho está cumprindo a promessa, os dois netos estão estudando. Adelina ficou muito tempo sozinha, depois arrumou um namorado, pessoa boa, e decidiram ficar cada um na sua casa. E, com carinho, continua cuidando de Luzia.

Todos da família sentiram medo de Carlos voltar e do que ele poderia fazer. Marcos investigou, soube o que o irmão fizera e que, naquele barco, naquela época, matavam os clandestinos para roubar. Como Carlos não voltou, não deu notícias e não quis saber dos filhos, porque deles Carlos gostava, concluíram que ele desencarnara.

Quando fiquei bem, tornei-me um morador do posto do socorro, quis saber de Carlos; fui com dois orientadores ao Umbral, queria dizer que o havia perdoado, pedir perdão e ajudá-lo.

Decepcionei-me. Encontrei Carlos enturmado, gostava do modo de viver ali. Ele sabia que seus filhos estavam bem e não se importou mais com eles. Assustou-se ao me ver:

— O que quer, Benedito? Matei-o sem querer. De fato, não pensei em matá-lo, embora quisesse que morresse para a fazenda ser minha. Já castiguei aqueles que me mataram. Por que veio?

— Carlos — disse —, queria levá-lo para conhecer outra forma de vida. Estou bem, num local, num abrigo de boas pessoas. Venha comigo! — pedi. Carlos riu.

— De jeito nenhum. Estou bem, meu pai. Muito bem.

— Filho, eu o perdoo e... — ia pedir perdão a ele, que me interrompeu.

— Não quero seu perdão, não pedi. Caia fora! — saí do Umbral entristecido.

Não desisti dele, aguardo uma oportunidade para socorrê-lo. Espero poder fazê-lo. Não sei quando isso ocorrerá e, quando acontecer, se eu poderei fazê-lo, porque posso estar reencarnado.

Fui impulsivo ao trocar as crianças. Eu me arrependi, sofri e não tive coragem de destrocar, de falar. Às vezes ficava triste e Luzia não entendia, queria me ajudar e não conseguia, por não saber o que me atormentava. Amargurei-me tanto com este fato que, ao desencarnar, vi a cena em que eu troquei as crianças. Por que fiz isto? E "se" não tivesse feito? Com certeza, não teria contato com a família de Silvino nem com Carlos, que teria outro nome. Adelina se chamaria Maria Aparecida, seria nossa filha querida, teria estudado e teria ficado, como ficou, conosco. Não teria havido aquela briga, e eu não teria recebido os tiros e desencarnado assassinado. Por que fiz este ato? Como me doeu e ainda me dói. "Se" eu não tivesse trocado as crianças...

Esta é minha história de vida.

Benedito

SE NÃO FOSSE ASSIM... COMO SERIA?

— Você se arrependeu por ter entrado na frente de Marcos e recebido os tiros? — quis saber, para completar o relato, porque ele não mencionou este fato.

— Não me arrependi. Penso que deveria ter feito isto mesmo. Se não tivesse feito isto e deixado Marcos ser atingido é que teria me arrependido. Fiz o que deveria, e ainda bem que o fiz.

— Benedito, quais são seus planos para o futuro? — perguntei.

— O que quero mesmo é pedir perdão para Luzia e para Adelina. Desejo muito ser perdoado e me entristeço, porque pode ser que elas não me perdoem. As duas podem compreender o meu ato ou não. Ao ditar à médium minha história de vida, veio em minha mente que, quando Luzia desencarnar, ela, por sua atitude de vida, poderá ser socorrida e, ao revê-la, darei o livro para ela ler, deixando marcada a minha história. Mudei alguns nomes a conselho de Antônio Carlos, para que não pudesse ser identificado. Certamente ela, ao ler, entenderá que é a nossa história. Aí ficará mais fácil lhe rogar perdão. Enquanto espero, pretendo trabalhar muito, ser dedicado às tarefas que me cabem, estudar, ser alguém útil.

— Está nos seus planos reencarnar? — quis saber.

— Com certeza, mas somente o farei quando pedir perdão às duas. Se durante este tempo conseguir ajudar, socorrer Carlos, será edificante.

— Quer acrescentar mais alguma coisa ao seu relato?

— Nunca mais quero ser impulsivo. Tenho lido, estudado muito os Evangelhos e gosto demais das explicações que Allan Kardec dá sobre os ensinamentos de Jesus na sua obra *O Evangelho segundo o espiritismo*. Meu objetivo é pôr estes ensinamentos em prática na minha vida, no meu dia a dia. Se sentia muito remorso quando encarnado, senti mais ainda desencarnado. Agora sei que existem laços afetivos, razões para estar junto no Plano Físico. Adelina, que se chamaria Maria Aparecida, é um espírito ligado a nós, mais a Luzia, tanto que ela, como nora, é quem cuida dela, lhe faz companhia. Não tinha este direito de afastá-la de nós. Adelina queria tanto estudar... Sinto que fiz uma maldade e sofro por isto. Penso que quase sempre tem um motivo para sermos filhos de quem somos e pais dos nossos filhos. Ah, "se" não tivesse feito isso...

— Agradeço-o por ter nos contado sua história.

— Eu que agradeço. Confesso que senti medo, antes de contar, de receber críticas ou repressão. Todos me entenderam e lamentaram comigo o meu "se".

— Nosso objetivo, nestes encontros, é, ao escutar o "se" de outros, meditar para não fazer um ato parecido. Entendemos o sofrimento alheio e estamos despertando em nós o desejo de ajudar, e sem julgar. Desejo realmente que você, Benedito, seja perdoado.

Explicações do Antônio Carlos:

Benedito vagou pelo seu lar, e todos padeceram mais ainda com sua presença. A esposa, por ignorância, o segurava. Se ela tivesse agido diferente, compreendido que o esposo deveria seguir seu caminho, que mudara de planos e que estava vivendo de outra forma, desencarnado, teria o ajudado muito. Se Luzia orasse para ele dizendo "Fique bem! Aceite a mudança de planos. Estamos bem e queremos que você fique também. Temos problemas, mas os estamos resolvendo. O que desejamos, rogamos, é que se sinta bem. Aceite com gratidão a ajuda que recebe", com certeza, Benedito não teria ficado por dois anos e sete meses vagando na ex-casa e correndo o risco de ser aprisionado por desencarnados imprudentes, levado para o Umbral e se tornado escravo. Encarnados ajudam muito os desencarnados que amam quando desejam a eles que estejam bem e quando entendem que não devem pedir nada a eles.

Num impulso, pula-se de um prédio, dá-se um tiro no peito, no ouvido, joga-se na frente de um veículo etc. Tantos "ses" dolorosos são lamentados pelos desertores da vida física. Menos graves são os "ses" de discussões, nas quais se ofende, ou de fazer atos de que se arrepende.

Benedito tem razão, normalmente existem porquês de estarmos em determinadas famílias, ou seja, motivos, bons ou não.

Benedito contou que não conseguiu ser feliz pelo conflito que ele mesmo criou. De fato, somos infelizes por algo que está dentro de nós. Por atos externos, sofremos dores, humilhações, injúrias, perseguições etc., passamos por momentos difíceis, mas, se estivermos bem conosco, estaremos em paz. Concluímos que ser feliz ou infeliz depende de nós, do que temos dentro, do que somos, e não de atos externos ou que dependem de outra pessoa. Somente eu posso me fazer infeliz ou ser feliz. Receber atos de alguém, como uma maldade, pode me fazer mal, sofrer. Receber um mal é algo que pode acontecer. Mas fazer algo de mau, uma ação que trará dores ao próximo, de fato é algo que me faz infeliz, porque me tornei uma pessoa má. Sofrerei então até resolver, reparar, aquele ato. Ser mau é o único mal real, e isto é algo dentro de mim, somente meu. Outras pessoas podem me fazer algo bom ou ruim. São atos. Mas somente eu posso me fazer ser uma pessoa boa ou má. Benedito fez um ato errado, sentiu por isto e não o reparou. A maldade que fez o atormentou, o fazendo ser infeliz.

Escrevendo sobre a felicidade, quero acrescentar que: não serei feliz enquanto isto depender de atos externos ou de terceiros, de algo que não depende de mim. Somente serei feliz quando estiver bem comigo mesmo. É necessário fazer o bem para ser bom. Quando se torna uma pessoa boa, se tem paz, então se é completamente feliz.

Meditei sobre este relato e fiz um propósito de não agir, de jeito nenhum, sob impulso. Deve-se fazer o bem para sentir paz e ser feliz. Convido você, que agora lê, para se esforçar, tentar e ter também este objetivo.

Que Deus nos abençoe!

CAPÍTULO 14:

O "SE" DE IVONETE

Ivonete veio várias vezes ditar à médium; por duas vezes, ao chegar no seu "se", não conseguia continuar, chorou muito, e eu tive de levá-la para o posto de socorro em que está abrigada. Ajudei-a em alguns momentos, então ela conseguiu e aí está o seu relato.

Nasci, reencarnei numa família de classe média, sempre fui muito estudiosa. Meu pai fora médico e, quando decidi estudar medicina, ele se alegrou.

Estudei tanto que, na segunda vez que prestei, passei na universidade que queria e cursei medicina. Ficara tempos sem sair, passear, mas valeu, amava estudar.

Tive alguns namoricos, estava no terceiro ano quando, nas férias, conheci Guilherme; ele estudava engenharia, namoramos firme e, quando nos formamos, casamos e tivemos três filhos, duas meninas e um menino.

Convivíamos bem, eu no meu trabalho e ele no dele, que se tornou um professor universitário. Os filhos estudaram e uma se formou médica.

Meu pai trabalhava em um hospital, e eu, logo que me formei, fui clinicar no mesmo hospital, que era grande, sempre com muitos pacientes.

Papai foi responsável muitos anos por este hospital; ele desencarnou, e eu continuei e passei a ser responsável por aquela instituição que cuidava de pessoas.

É aí que meu "se" incomoda, me faz sofrer e temer.

Não era fácil, penso que nunca é, administrar um hospital; embora tivesse secretários, outros médicos responsáveis por setores, tinha de cuidar das finanças, e um hospital, para funcionar, requer muito dinheiro.

Sabia que alguns médicos pegavam coisas, como aparelhos, medicações e cobravam por procedimentos gratuitos. Sabia também que enfermeiros faziam isto, funcionários...

Minha irmã precisou de dinheiro, quis ajudá-la, não tinha, então peguei do hospital com o propósito de devolver, o fiz por três vezes, eram parcelas de vinte e quatro. Depois parei de pagar. Recebia um bom ordenado.

Outra vez foi quando um sobrinho meu estava doente, então o internei no melhor quarto, fiz um tratamento caríssimo, e grátis.

Pegava também remédios para mim, para a família. Foi somente isto que fiz, mas foi ilegal e corrupto.

Eu sabia que outros faziam, e muito mais. Compravam aparelhos superfaturados, de má qualidade e repartiam o dinheiro. Eram três médicos que faziam isto.

Convivia bem com todos no hospital, principalmente com estes três médicos corruptos, frequentávamos a casa uns dos outros, tínhamos amizade.

Às vezes me sentia inquieta ao ver pacientes desencarnarem ou outro que não tivera resultado ao receber uma prótese mal colocada ou ruim.

Minha filha médica não quis trabalhar no hospital, montou seu consultório. Os outros dois eram engenheiros.

Foi trabalhar no hospital uma jovem médica, que era dedicada e bondosa. Ela deve ter desconfiado. Um dia, conversando, ela me contou uma historinha que ouvira quando criança. Ela disse:

— Havia, num país, um rei que julgava ser bom, gabava-se de não ter feito nenhuma maldade. Morreu e foi para o inferno. Achou injusto, foi reclamar e escutou: "O senhor foi, de fato, um bom rei, não fez maldades, mas permitiu que outros fizessem". O rei se admirou, quis contestar, e o diabo que cuidava daquele pedaço do inferno o esclareceu: "O senhor sabia o que o seu ministro da Justiça fizera? Ele perseguiu pessoas, libertou culpados e condenou inocentes. Permitiu quem cuidava da Educação privilegiar ricos por propinas. E o seu ministro da Saúde? Ele cuidou daqueles que podiam pagar. Quer escutar mais?". "Mas foram eles que fizeram, não eu!", o rei se defendeu. "Eles responderão pelos seus atos. Eles eram seus subordinados, o senhor poderia tê-los contido e não o fez. Merece o inferno." O rei voltou para seu sofrimento.

Conversamos depois sobre outros assuntos, mas a história que ela me contou mexeu comigo. Não sabia da corrupção no hospital? Não estava vendo pacientes terem mais dores, cirurgias que não davam resultados positivos, principalmente as ortopédicas? Não estava vendo pessoas sofrerem? Se fossem bem atendidas, isto não ocorreria.

Chamei os três médicos para uma reunião. Alertei-os. Eles ficaram calados, me olharam admirados, sentiram que eu estava decidida a parar com a roubalheira. Penso que não acreditaram.

Comecei a fiscalizar. Tranquei os armários, somente os responsáveis tinham as chaves. Fiz um controle, tinham que marcar toda a medicação que era usada. Vetei duas compras e avisei que seria eu a negociar.

Os três médicos vieram dias depois falar comigo. Argumentaram que eles não podiam ganhar menos, que não dava para viver com o salário que recebiam, queixaram-se. Um deles comentou que eu pegara dinheiro do hospital e que eles acharam algo normal.

Aproveitei e falei que isto não iria mais acontecer, que ia pagar o hospital, que não ia mais permitir abusos e que quem não concordasse que se demitisse.

Os três pareceram concordar.

Marcaram dois dias depois outra reunião. Tudo amigável, eu me alegrei, eles concordaram, afirmaram que iriam seguir as novas regras. Serviram café, e eu tomei. Assim que tomei, apaguei, ou seja, perdi os sentidos, fiquei paralisada, mas vendo e ouvindo tudo. Eles não falaram, tinham tudo muito bem planejado. Aplicaram uma injeção, então senti que meu coração foi parando e, minutos depois, parou. Fiquei ali sentada, vendo e ouvindo tudo, eles saíram conversando e rindo da minha sala, fecharam a porta. Eu costumava ficar muito tempo na minha sala trabalhando e, se não tinha que conversar com ninguém, ficava sozinha.

Como não fui almoçar e não avisei em casa como de costume, meu esposo telefonou para o hospital, e uma secretária foi à minha sala ver o que acontecera. Quando ela me viu, deu alarme e médicos foram correndo, eles constataram que eu morrera, desencarnara. Os três médicos fingiram bem; para todos, eles estavam abalados, deram a notícia para minha filha médica e disseram que tudo indicava ter sido um enfarto fulminante e, se ela quisesse, eles fariam a autópsia. Meus filhos decidiram que não, que eu devia ter mesmo tido um enfarto.

Eu não contava nada em casa sobre o que estava acontecendo de errado no hospital; para contar, teria de fazê-lo também sobre meus atos errados. Orgulhosa, não queria que eles soubessem que fora corrupta.

Vi tudo o que os três médicos fizeram, paralisada pela droga que me deram e que não deixava que me mexesse. Senti meu coração parar e continuei vendo, ouvindo tudo ali por duas horas e trinta minutos, ficara sentada, largada na cadeira com os olhos abertos.

Vi que pegaram o corpo que usei, que gostava, para ser levado para uma funerária para ser preparado para o enterro. Fiquei ali na minha sala porque me seguraram. Vi quem me segurou pelos braços. Eram três mulheres e dois homens; um deles me olhou e informou:

— Doutora Ivonete, a senhora já era no mundo dos vivos, para nós é defunta fresca. Morreu! Faleceu! Foi a óbito!

Uma mulher falou debochando:

— Agora, doutora, ficará aqui para ver o que fez — deu-me um tapa muito forte no rosto.

Uma outra explicou:

— A doutora deverá ficar lúcida para melhor sofrer o que permitiu que outros sofressem.

Fui enterrada, meu corpo físico, com honras.

E, assim, vivi num inferno, aqueles desencarnados não permitiram que eu saísse do hospital, ficava amarrada o tempo todo pelo tornozelo; a outra ponta da corda, se eles queriam que eu me locomovesse, fosse a alguma ala do hospital, eles pegavam e me puxavam; se não, ficava presa em algum local, como porta, pilar, cama etc. Batiam-me, dormia onde ficava o lixo, deitada entre os entulhos.

Quando me levavam para perto de alguém, ordenavam: "Fique aqui com este paciente", "com esta senhora", "este menino" etc. "Eles estão com dores", "foram mal atendidos", "usaram um aparelho inadequado", "não deram o remédio certo por este ser caro". "Você sentirá as dores deles, tente suavizá-las."

Um deles, vim a saber depois, fora médico encarnado, desencarnara no hospital, ele fora bem atendido, mas não mereceu um socorro; ali ficou e, quando entendeu o que ocorria no hospital, resolveu fazer justiça, e os outros se reuniram a ele. Em vez de aprenderem para ajudar, tumultuavam mais ainda o ambiente. Este desencarnado que fora médico tinha um aparelho que nunca vira, soube depois que ele ganhara de espíritos trevosos. Ele me ligava a este aparelho e ao doente, eu sentia as dores que o encarnado sentia. No começo eles riam:

— Sinta as dores que podia ter suavizado. Por sua culpa o hospital está como está — depois de um tempo fazendo isto, já não comentavam mais.

Não me deixaram saber de minha família.

No dia seguinte ao que desencarnei, um dos três médicos pegou a chefia do hospital e, como quase sempre acontece com ambiciosos e gananciosos, eles ultrapassaram o limite e roubaram muito. Foram denunciados, investigados e foi um escândalo, os três foram presos, destituídos dos cargos. As famílias deles ficaram muito envergonhadas. Com a movimentação no hospital, meus carrascos relaxaram a vigilância, fui para perto da jovem médica que me contara a historinha do rei. Ela lembrou de mim, fez uma oração para mim e disse:

— Doutora Ivonete, se a senhora tem algo a ver com esta corrupção do hospital, peça perdão a Deus, rogue ao Pai Criador por ajuda! Ore!

Nunca fora religiosa, religiões eram assuntos que não me interessavam, não julgava ser ateia, somente não me interessava. Senti-me bem ao lado da jovem médica e orei, a primeira coisa que me aconteceu foi o sumiço da corda no meu tornozelo. Aí vi o meu pai, refugiei-me chorando nos seus braços.

— Filha, venha comigo, vou levá-la para um abrigo — não consegui falar, estava envergonhada.

No posto de socorro não me criticaram, mas, sim, me ajudaram, me limparam; coloquei roupas limpas, alimentei-me e pude descansar num leito limpo. Não me perturbei em nenhum momento durante o período em que vaguei no hospital, foram três anos e onze meses.

Quando acordei, quis ver meu pai, quis revê-lo, mas não pedi, não falei nada, fiz um propósito de ficar calada, falar somente quando solicitada e ser muito obediente. Conhecera o inferno e estava no paraíso. Papai, sentindo que queria conversar com ele, foi me ver.

Chorei muito em seus braços. Papai me acalentou.

— Estou envergonhada — lamentei sentida.

— Filha, vi com muita preocupação os acontecimentos no hospital. Eu fui honesto e não permiti que nada de errado acontecesse. Tentei alertá-la, mas nada consegui fazer, até aquela jovem médica contar aquela história que a comoveu. Os três médicos, quando entenderam que você estava firme na sua decisão, planejaram e a assassinaram. Os desencarnados julgaram-se justiceiros e fizeram você entender pela dor o que o outro sentia pela imprudência que cometera ao permitir que fizessem. Também nada pude fazer; você, por mais que me esforçasse, ficou ligada somente aos seus erros.

— Papai — quis saber —, se tivesse pedido perdão, ajuda, a teria? Meus erros seriam zerados?

— Infelizmente não, minha filha. Mesmo a vendo sofrer, não pude interferir no seu aprendizado, que estava sendo pela dor. Era o que você precisava. O perdão, quando pedido com sinceridade, é dado, mas não anula os atos errados. O que poderia ter ocorrido é que, se você tivesse orado, rogado por ajuda, teria sido socorrida antes, não teria ficado tanto tempo no hospital vagando e sendo atormentada por aqueles desencarnados, que, de modo errôneo, queriam fazer justiça. Só o amor ou a dor para equilibrar, para apagar as manchas que ficam em nós quando erramos.

Soube dos meus familiares, três netos nasceram; meu esposo, depois de um ano e oito meses de viuvez, casou-se de novo. Os três médicos foram de fato presos, mas não ficaram muito tempo na prisão, gastaram com advogados, tiveram que devolver o que roubaram, mas infelizmente não foi muito. Foram impedidos de clinicar, mudaram de cidade e estão bem, porém com uma dívida espiritual enorme, uma mancha escura no perispírito.

Papai me animou e comecei a fazer pequenas tarefas, fui estudar e trabalhar nas enfermarias como enfermeira. Vi tantas dores!

Nem preciso falar do "se" que me incomoda. Nunca deveria ter pegado nada do hospital, nunca deveria ter permitido um ato errado ali dentro sob a minha responsabilidade. "Se" tivesse no começo sido honesta e exigido honestidade, não chegaria ao ponto de todos pegarem e os enfermos não terem. Desculpem-me se choro. Quantas dores teria evitado se tivesse usado todo o dinheiro em boas compras e remédios? Dores que causamos são dores que sentiremos.

Ivonete

— Você contou o que aconteceu com você. Desencarnou assassinada. Não ficou sentida com esses assassinos? — perguntei.

— Se, pela minha imprudência, pessoas desencarnaram, tive o retorno ao ser assassinada. Não me magoei com eles. Se não tivesse permitido eles roubarem, com certeza eles não teriam ficado naquele hospital ou, se tivessem ficado, não teriam roubado, então eles não teriam motivo para achar ruim ao serem impedidos de roubar. Perdoei-os, assim como preciso de perdão. Também tenho orado por aqueles desencarnados que, no conceito deles, me deram a lição que julgaram ser merecida. Quero amá-los!

— Você, Ivonete, tem planos para o futuro?

— Quero... — Ivonete suspirou — no momento, ser útil, choro muito de arrependimento e sinto medo. Como reencarnar? Como será a minha reencarnação? Em que lugar? Tenho receio. Se puder, quero ficar muito tempo no Plano Espiritual. Antes de reencarnar e de receber o nome de Ivonete, planejei, quis ser médica para sanar dores; foi-me permitido e tive, para me ajudar, um pai que era um exemplo. O que fiz com as oportunidades que me foram dadas? Não mereço tê-las mais. Será que, ao voltar ao Plano Físico, não serei atraída para um lugar muito pobre, ficar doente e aí ser tratada como tratei ou permiti que pessoas fossem tratadas? Não quero fazer planos, não mereço.

— Ivonete, lembro-a de que podemos, todos nós, amar, fazer o bem com amor para anular as ações equivocadas. Vou colocar na tela uma cena que quero que veja.

Era um filme de dez minutos. Seis médicos trabalhavam com dedicação em locais muito pobres, cuidando com carinho e conversando com os doentes. Um deles estava num lugar de conflito, ali faltava até água potável.

— Destes seis que mostrei — expliquei —, cinco planejaram, antes de reencarnar, ser médicos para amenizar dores. Neste planejamento, o grupo era de vinte espíritos. Infelizmente dois esqueceram totalmente, e os outros estão no grupo do mais ou menos: dedicam-se, mas não tanto como planejaram. Estes cinco fazem isso porque entenderam que tem de ser feito. São os da turma do "ainda bem". Um deles, o sexto, agiu muito errado anteriormente, e na medicina. Em vez de sofrer, partiu para reparar seus erros pelo amor e está conseguindo. Ivonete, por que você não se prepara, firma seus propósitos e segue este exemplo? Porque, se você sofrer, esta dor fará bem somente a você. Enquanto, se você optar por fazer o bem, além de se melhorar, fará bem a muitas pessoas.

— Sei que tem razão, Antônio Carlos, e agradeço pelo seu incentivo. Tenho muito o que pensar. Porém vi no filme aqueles necessitados, os doentes e feridos. Pergunto: Por que eles estão assim? Será que eles estão recebendo o retorno de seus atos? Com toda a certeza, sim. O retorno vem. Penso que estarei mais para ser um dos enfermos do que o médico. Vi um senhor atendido sem as duas pernas, ele sente dores, e o médico não tem o remédio adequado para suavizá-las. Será que ele não agiu como eu ou como aqueles três médicos no hospital? O que será que fez aquele menininho de quatro anos desnutrido, anêmico e com fortes dores no abdome? O que eles fizeram nas suas encarnações anteriores?

— Desejo, Ivonete, que se recupere e não se deixe abater pelo remorso destrutivo. Você quer acrescentar mais alguma coisa ao seu relato?

— Vejo com muita tristeza a corrupção. Tenho orado pelos corruptos, para que se arrependam, e também para que os honestos continuem nas suas convicções. Disse não ter sido religiosa, não acreditava num Deus figurado como humano, pensava que Deus era uma energia que desconhecíamos, era como a luz que, por uma fonte somente, ilumina tudo. O fato é que, ao ter a concepção de um Deus diferenciado, podemos ser julgados por ateus. Isto ocorre com muitas pessoas inteligentes, instruídas, que têm uma concepção diferenciada do Criador. Nós, nas nossas primeiras reencarnações na Terra, acreditávamos que Deus era o sol, a lua, as estrelas etc. Se um deles pensava que Deus fosse algo diferente, este era ateu. Assim eu, por ter uma concepção diferenciada, por pensar que Deus é algo supremo, o princípio de tudo, fui julgada ateia. O que errei em relação a este meu conceito foi não me aprofundar, não procurar explicações. Se tivesse lido o livro de Allan Kardec, *O livro dos espíritos*, com certeza teria entendido o que é Deus.

— Obrigado por atender ao meu convite e ditar sua experiência de vida.

— Eu que sou agradecida.

Explicação do Antônio Carlos:

Quero lembrar que nosso planeta é de provas e expiações. Allan Kardec colocou em primeiro as provas. Assim, nem todos que vemos sofrendo é porque estão resgatando, recebendo o retorno de ações indevidas. Muitos sofrem para provar algo por várias ações. Como o filminho em que vimos os médicos, aqueles enfermos estavam tendo momentos difíceis, e as causas são diversas.

O arrependimento não deve existir somente para ser curtido ou sofrido: "Ah, me arrependo" e, no nosso caso, "Ah, 'se'..." Mas, sim, para se tomar uma atitude para anular o erro cometido. Acaba-se com o arrependimento com o benfeito. Infelizmente, há pessoas que passam anos se lamentando, enquanto poderiam, por atitudes, se modificarem. Se fez algo errado, faça o certo. Odiou. Ame. Se não puder fazer o bem para quem recebeu o seu mal, faça o bem a outros. Reaja!

Muitos espíritos planejaram, no Plano Espiritual, retornar ao Plano Físico e reparar erros com acertos, fazendo o bem. Reencarnados, muitos não fazem o planejado, o tempo passa... aí, normalmente, a dor o faz resgatar. Quando se programa, no Plano Espiritual, receber reencarnado a reação pela dor, é difícil mudar, mas não impossível. Conheço uma pessoa que, encarnado, fora muito doente, uma enfermidade que lhe causava muitas dores. Ela se esforçou, começou com algo pequeno, na sua própria casa, para dar abrigo a pessoas doentes como ela. Com os anos, fez um hospital. Cuidou muito e com tanto amor aos doentes que sarou a sua doença. Ela era mais útil sadia. Suavizou as dores do próximo e teve as suas extintas.

Ivonete foi boazinha com os médicos que eram amigos. Era boazinha com todos os subordinados. Ela de fato foi boa ao ajudá-los, ao aconselhá-los, ao abonar faltas, algo que patrões humanos fazem. Até aí, tudo bem. Mas continuou boazinha ao permitir que pegassem coisas do hospital, roupas de cama, toalhas de banho, alguns pegavam até para revender e também deixou que fizessem isto com remédios. Estes atos faziam o hospital estar sempre na penúria, necessitado.

Continuou boazinha permitindo que os três médicos roubassem. Eles gostavam dela; para eles, ela era a chefe perfeita.

Que diferença entre ser boazinha e ser boa! Pessoa boa fora o pai de Ivonete, que nunca pegara um comprimido e não permitira que alguém o fizesse. O hospital, na época dele, funcionava perfeitamente. Ser bom é, primeiramente, fazer o bem verdadeiro a si mesmo sendo honesto, íntegro; fazer o que tem de ser feito do melhor modo possível. A história do rei ilustra bem a atitude de Ivonete e de tantas outras pessoas. São os pais relapsos, alguns têm medo até de corrigir os filhos e, com isto, deixar de ser bonzinhos. São os professores, chefes de departamento etc. Porque, infelizmente, todos gostam dos bonzinhos.

Ser bom é ser enérgico, não permitir que outros, sob sua responsabilidade, ajam errado. Muitas vezes, ao ser bom, pode-se ser antipático para aqueles que querem agir errado, fazer atos ilícitos. Quem os impede pode até ser tachado erroneamente de mau. Para muitos, ao serem impedidos de fazer algo indevido, quem os impede é exigente, implicante etc. Porém quem usa bem sua autoridade educa, impede erros; este é uma pessoa boa.

É mais grave quando se é bonzinho com uns e maldoso com outros, e agrava-se quando se trata da saúde, da educação e do meio ambiente. A responsabilidade é maior quando se corrompem na política, na justiça e na religião. Que responsabilidade é tirar pessoas de uma crença, fazê-las se desiludirem das pessoas, da vida. Normalmente sentem a dor que, por atos ilícitos, causaram. O sofrimento causado no outro, sejam estes animais ou pessoas, refletirá nele.

O "se" de Ivonete é um grande alerta para todos nós. Seja, você, bom!

CONCLUSÃO

Como podemos tirar para nós exemplos dos casos relatados! Esclareço que foram histórias reais de desencarnados conscientes, que sofreram, entenderam e estão adaptados no Plano Espiritual, são moradores dos locais que os abrigaram. Podem até ter passado pelo Umbral, mas, nas suas últimas encarnações, não foram moradores da Zona Umbralina, não são espíritos que fizeram recentemente grandes maldades, porque, se fossem, estes dificilmente poderiam participar de uma reunião como a que fizemos, sem se arrependerem sinceramente. Porque desencarnados cruéis se perturbam muito ou às vezes não conseguem se harmonizar, se equilibrar sem um resgate, porém não podemos esquecer que isso pode ser feito pelo amor. Aqueles que cometeram ações de crueldade ou se enturmam no Umbral ou se tornam vítimas daqueles que foram por eles maltratados.

SE NÃO FOSSE ASSIM... COMO SERIA?

Como os leitores perceberam, são histórias comuns, que poderiam ocorrer conosco, e "se" não ocorreram, "ainda bem".

Se o "se" incomoda, faz sofrer, o convido a passar, e rápido, para a turma do "ainda bem", será com certeza muito bem acolhido.

AS RUÍNAS

Vera Lúcia Marinzeck de Carvalho
Do espírito Antônio Carlos

Romance | 15,5 x 22,5 cm
208 páginas

" Aqui está mais um romance com que a dupla Antônio Carlos, espírito, e a médium Vera nos presenteia. "Ruínas", no dicionário, tem o sentido de destruição, causa de males, perda. Ele nos conta a história de vida de Fabiano, que procurou o espiritismo pelos pesadelos que tinha com as ruínas perto da cidade em que morava. Encontrou ajuda e se maravilhou com a Doutrina Espírita. Fabiano também teve outro pesadelo, e acordado. Familiares e amigos o acusaram de assassino. Como resolver mais essa dificuldade? Você terá de ler o livro para saber. Este romance nos traz muitos ensinamentos! "

boanova@boanova.net
www.boanova.net | 17 3531.4444

Levamos o livro espírita cada vez mais longe!

Av. Porto Ferreira, 1031 | Parque Iracema
CEP 15809-020 | Catanduva-SP

www.**petit**.com.br
www.**boanova**.net

petit@petit.com.br
boanova@boanova.net

17 3531.4444

17 99777.7413

Siga-nos em nossas redes sociais.

@boanovaed   boanovaeditora

CURTA, COMENTE, COMPARTILHE E SALVE.
utilize #boanovaeditora

Acesse nossa loja   Fale pelo whatsapp